初歩から学ぶ
情報リテラシー

Office2019/2016 Windows10 対応

吉田郁子 著

培風館

は じ め に

　本書は，大学におけるパソコンを使用したコンピュータリテラシー教育のためのテキストとして企画したものです。書名に「情報リテラシー」という名前を使用したのは，単にコンピュータの使用方法を解説するのではなく，情報収集，分析，判断，表現，発信力などを幅広く解説し，情報を繰ることができるところまでを達成目標としたいという思いがあるためです。

　スマートフォンやタブレット端末が普及した昨今，かえってパソコンと距離を置く学生が増えてきているように感じます。コンピュータを教える教員の悩みの種となっている習熟度のばらつきも広がっています。こういった状況を考慮し，「読んで，初歩から自習できる学習書」を目指しています。ですから社会人のためのパソコン教室のテキスト，あるいは個人で独学するためのテキストとして利用することも可能です。

　ネットワーク環境も整備が進み，パソコンは高性能で安価になり，学習や研究の道具としてますます重要なものとなってきました。この状況をふまえ，基本的な内容だけではなく，発展した内容を盛り込み，しかもコンパクトな学習書を目指しました。少しレベルの高い，メンテナンスのしやすい論文を書くための方法も盛り込みました。この部分については，傍らに置いて，必要になった時点で利用していただければ幸いです。

　学習順序は自由に設定できるように配慮したつもりです。1 章では Windows の基本的な操作方法を書いていますが，必要な都度参照するにとどめてもかまいません。学習者の関心や興味の度合いに応じて順序を変えて学習を進めていくのも一つの方法です。

　前提の環境として，OS については Windows10 と Windows8.1 環境を前提としまし，アプリケーションについては Office2019，2016，Office365 を前提としました。画面については Office2019 を使用しています。多少の画面構成の違いはありますが，操作の流れについては支障なく使用していただけるはずです。

　紙面の都合上，充実させたかった演習問題を省かざるをえなくなりましたが，巻末の総合演習は，全ての内容を連携して解く形のものとしました。本書が少しでもお役に立ち，教育の一助になれば幸いです。

　最後に，本執筆の貴重な機会を与えてくださった杉江日出澄先生に心からお礼を申し上げます。また，本書の原稿の作成にあたり，多くの情報とアドバイスをいただいた東海学園大学の情報教育センター，情報リテラシー担当の諸先生方に対して深く感謝の意を表します。また，本書の出版に際して終始ご尽力を頂いた培風館の編集部の皆さまに厚くお礼申し上げます。

　　令和 2 年 1 月

著　者

本書を使用できるシステム環境

　本書は，Windows 10，Windows8.1 の環境を使用し，Microsoft Office2019、2016 および Office365 を使用する場合を想定して解説を進めております。本書で用いた環境とアプリケーションを示します。

(1)　Microsoft Windows 10　または　Windows 8.1 とこれに付属するソフトウェア
　　・　日本語入力システム：MS-IME
　　・　インターネット閲覧ソフト：Microsoft Internet Explorer，Edge
(2)　Microsoft Office2019，2016，および Office365 に属する、または単独ソフトウェア
　　・　ワープロソフト：Microsoft Word
　　・　表計算ソフト：Microsoft Excel
　　・　プレゼンテーションソフト：Microsoft PowerPoint
(3)　Web メール
　　・　Microsoft Outlook Web App

目　　次

1　コンピュータの基本操作　－Windows の基本－

2　文書作成力をつける　－Word 活用編－

3　情報分析力をつける　－Excel 活用編－

4　情報発信力をつける　－PowerPoint 編－

1

コンピュータの基本操作
－Windows の基本－

　パソコンを使用した情報リテラシーを学ぶ上で，パソコンの基本的な操作は押さえておかなくてはなりません。この章では，パソコンの基本的な知識，Windows の概要，その基本操作を学びます。以降の章で共通して活用することになる必須事項です。

1.1　Microsoft Windows の基礎

1.1.1　Windows とは

　Windows とは，パソコン上で動作するオペレーティングシステムです。プログラムは，**オペレーティングシステム（OS）**とその他のプログラム（**アプリケーションプログラム**，または略して**アプリケーション**と呼ぶ）に大別することができます。

　アプリケーションとは個々の用途を持ったプログラムです。たとえば文字を編集したり，表計算をしたり，絵を描いたりといったものです。

　OS とはハードウェア等とのやりとりを管理し，アプリケーションを制御するプログラムです。たとえば入力装置から与えられた指令をアプリケーションに伝えたり，アプリケーションから出された結果を出力装置に出力したりするなど，基本的な動作をさせるためのプログラムです。OS がなければアプリケーションを動かすことはできません。したがって，**基本ソフトウェア**（基本ソフト）とも呼ばれています。

1.1.2　Windows の起動

　まず Windows を起動しましょう。通常のパソコンでは，電源を入れるだけで自動的に起動することができます。学内環境では，ネットワークを経由してサーバに接続されているので，スタンドアロン環境の PC の起動方法とは異なる操作をすることになります。具体的な操作は管理者の指示に従ってください。

```
◆ 操作 1-1　Windows の起動
① コンピュータの電源を入れると Windows の起動画面が表示される。
② ユーザ ID とパスワードを入力し，ネットワークに接続する。
```

1.1.3　Windows の終了

　操作を終了し電源を切りたいときには，Windows を終了する必要があります。Windows を終了させずにそのまま電源を切ると，ファイルが破損して再び起動できなくなる可能性がありますので注意して下さい。

　スタートボタンから終了作業を行います。

◆ 操作 1-2　Windows7 の終了（図 1.1 参照）

① ［スタート］ボタンをクリックする。
② 表示されたスタートメニューの一番下の ［電源］ボタンをクリックする。
③ 表示されたメニューの ［シャットダウン］をクリックする。

③シャットダウン
をクリック

② 電源を
クリック

①スタート
ボタンを
クリック

図 1.1　　Windows7 のシャットダウン

1.1.4　Windows の画面構成

　操作 1-1 で Windows を起動した時に表示されるのが図 1.2 の画面です。画面全体が**デスクトップ**です。デスクトップとは，ちょうど作業をする時の机のようなもので，すべての作業をこの上で行います。また，画面の下端にあるバーを**タスクバー**と呼びます。タスクバーは，Windows を制御する重要な機能を持っています。それでは，デスクトップの構成について説明します。

◇ 解説 1-1　デスクトップの構成（図 1.2 参照）

① **アイコン** …デスクトップの左上から複数のアイコン（絵文字）が並んでいる。アイコンをダブルクリックすると，それぞれに対応した機能を実行することができる。デスクトップ上に表示されるアイコンは，設定によって変更することができる。
② **タスクバー** …画面の下端に表示されているバー。中央部には登録されたプログラムのアイコンと，起動中のプログラムのアイコンが表示される。
　そのほかに，以下のものが配置されている。
　・**スタートボタン** ：　タスクバーの左端にあり，ここからプログラムなどを起動する。
　・**検索ボックス** ：　スタートボタンの隣にあり，アプリケーション，ファイルなどを検索できる。
　・**通知領域** ：　タスクバーの最右端で日時や接続された機器などの状況が表示される。

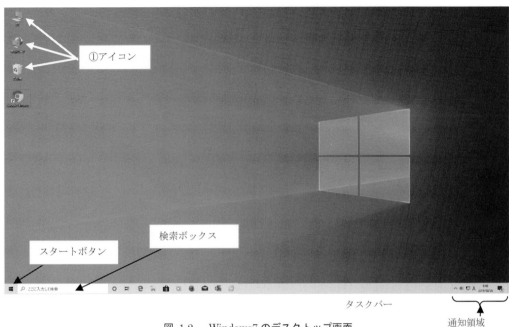

①アイコン

検索ボックス

スタートボタン

タスクバー

通知領域

図 1.2　Windows7 のデスクトップ画面

1.1.5　マウスの使い方

まずはマウスの基本操作を解説します。

◇ 解説 1-2　マウスの基本操作

① **ポイント** … マウスポインタを移動して画面上の特定のターゲットに合わせること。マウスポインタが白い矢印の時には，そのターゲットの中央に矢印の先端がくるように位置づける。

② **クリック** … マウスの左ボタンを押してすぐに離すこと。「選択する」という意味を持つ。

　注：設定によっては，アイコンや項目上にマウスポインタを重ねるだけで選択でき，クリックすると開いたり起動したりできるシングルクリック操作もある。このときのマウスポインタの形は ⇪ となる。

③ **ダブルクリック** …マウスの左ボタンをすばやく 2 回押して離すこと。「選択して起動する」，または「選択して開く」といった意味を持つ。

④ **ドラッグ** … マウスの左ボタンを押したまま離さずに移動すること。ウィンドウやアイコンを移動したり，ウィンドウの大きさを変更したりする時に使用する。

　注：移動先で離すことをドロップという。したがって，ドラッグして目的の場所で離すことをドラッグアンドドロップという。

⑤ **右クリック** … マウスの右ボタンを押してすぐに離すこと。ショートカットメニューを表示させる時に行う。ショートカットメニューとは，操作中によく使う指令を登録したもの。

⑥ **右ドラッグ** … マウスの右ボタンを押したまま離さずに移動すること。右ボタンを離すと同時にショートカットメニューが表示され，指示を行うことができる。

1.1.6　画面の操作

Word の画面を使用して一般的な Windows プログラムを起動したときのウィンドウ操作を説明します。

(1) スクロールバーの操作

◆ 操作 1-3 スクロールバーの操作

1つのウィンドウに情報が入りきらない場合，ウィンドウの右横に縦方向のスクロールバーが，下に横方向のスクロールバーが表示される。スクロールバーは，データ全体の大きさを示し，つまみは現在表示されている位置を示す。

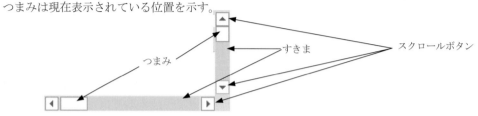

・行単位のスクロール

　　上下のスクロールボタン（黒い三角ボタン）をクリックする。

・任意の位置へのスクロール

　　全体の中の表示位置を示す**つまみ**を任意の位置までドラッグする。

・画面単位のスクロール

　　つまみとスクロールボタンの間の**すきま**をクリックする。

(2) ウィンドウのサイズ変更

◆ 操作 1-4 ウィンドウサイズの変更

ウィンドウの境界部分にマウスポインタを近づけていくと，白い矢印 だったマウスポインタが場所によって上下，左右，斜めの矢印となる。この状態でドラッグすると，ウィンドウのサイズを変更することができる。

たとえば，右下角にマウスポインタを位置づけると，マウスポインタ となり，斜め下にドラッグすればウィンドウを大きくすることができ，斜め上にドラッグすればウィンドウを小さくすることができる。

注：最大化した状態では，マウスポインタを境界線上に移動してもマウスポインタの形は変わらず，ウィンドウのサイズは変更できない。まず[元に戻す]ボタンを押して（操作 1-6 参照），ウィンドウサイズを変更できる状態にしてから行う。

(3) ウィンドウの移動

◆ 操作 1-5 ウィンドウの移動

タイトルバーにマウスポインタを位置づける。マウスポインタの形は のままでよい。この状態でドラッグすると，ウィンドウを移動することができる。

注：最大化した状態では，ウィンドウの移動はできない。

(4) ウィンドウの最大化／元に戻す

┌─── ◆ **操作 1-6 ウィンドウの最大化／元に戻す** ────────────────
│ タイトルバーの右側に並ぶ3つのボタンの中央のボタンを使用する。
│ ・最大化ボタンが表示されている場合　[− □ ×]
│ 中央の**最大化ボタン**をクリックすると，画面がディスプレイいっぱいに表示される。
│ 同時に以下の表示に変わる。
│ ・元のサイズに戻すボタンが表示されている場合　[− ❐ ×]
│ 中央の**元に戻すボタン**をクリックすると，画面が最大化する前の大きさに戻る。
│ 　注：最大化した状態では，ウィンドウのサイズ変更，移動はできない。**元に戻すボタン**を
│ 　　　クリックすると，最大化する前の大きさに戻る。
└──

(5) ウィンドウの最小化

┌─── ◆ **操作 1-7 ウィンドウの最小化** ────────────────────
│ タイトルバーの右側の3つのボタンの一番左の**最小化ボタン**　[−]　をクリックする。
│ 元に戻すときは，タスクバー上のプログラム名のボタンをクリックする。
└──

(6) ウィンドウを閉じる

┌─── ◆ **操作 1-8 ウィンドウを閉じる** ────────────────────
│ タイトルバーの右側の3つのボタンの一番右の**閉じるボタン**　[×]　をクリックする。
└──

1.2　日本語入力

　英語でコンピュータを使用するときには，アルファベット，記号，数字，制御文字をあわせても100程度の種類で十分に入力操作ができます。一方，日本語の場合は，ひらがな，カタカナ，漢字など多数の表記があるため，キー入力したものを変換するソフトウェアが必要になります。

1.2.1　日本語入力システム

　日本語入力システムとは‘読み’を入力し，目的の文字に変換するプログラムです。本書では日本語入力システムとして MS-IME を使用します。日本語入力を前提とした Word では日本語入力システムが自動的に起動されていますが，アプリケーションによっては日本語入力システムが起動されていないものもありますので，状態を確認してから作業を進めてください。

(1) 日本語入力システムの状態確認

　日本語入力システムが起動されているかどうかは，タスクバーの通知領域の表示の違いで確認できます。

┌─── ◆ **操作 1-9 日本語入力システムの状態の確認** ────────────
│ ● 日本語入力システムが起動されていない状態（オフの状態）
│ 　　タスクバーの通知領域に‘**A**’と表示　　[∧ ◁) 🖳 A　22:36 2019/08/28　□]
│
│ ● 日本語入力システムが起動された状態（オンの状態）
│ 　　タスクバーの通知領域に‘**あ**’と表示　　[∧ ◁) 🖳 あ　22:37 2019/08/28　□]
└──

(2) 日本語入力システムのオン／オフの切り替え

　日本語入力を行うには，日本語入力システムをオンの状態にする必要があります。Word 起動時には既にオンになっています。ここでは，キーボードから切り替える方法を紹介します。

◆　操作 1-10　日本語入力システムの状態切り替え

① キーボード左上の半角/全角キー 半角/全角 を打つ。1 度打つ度にオン／オフが切り替えられる。

---

(3) 入力モードの切り替え

　MS-IME のツールバーが表示されていない場合にも，通知領域の MS-IME の入力モードボタンが表示されています。さまざまな指示をここから行うことができます。

◆　操作 1-11　入力モードの切り替え（図 1.3 参照）

① タスクバー左端の通知領域の［MS-IME］モードボタンを右クリックする。

　注：［MS-IME］モードボタンを（左）クリックすると，日本語入力システムのオン／オフが切り替えられる。

② 表示されたメニューから変更したいモードや，起動したいツールをクリックして選択する。

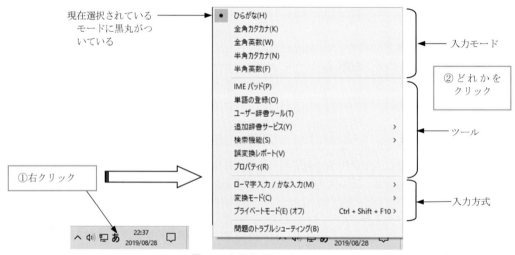

図 1.3　MS-IME のメニュー

(4) 日本語入力方式

　キーボードから読みを入力する方式には，**ローマ字入力**と **かな入力**があります。表計算などを活用していく場合，日本語を打ちながら計算式を入力する機会も増えてきますので，ローマ字入力が便利です。ここではローマ字入力を取り上げます。

1.2.2　キーボードの扱い

　キーボードをよく見ると，1 つのキーの上下左右に，多いものでは 4 つの文字が書かれています。図 1.4 を参照しながら説明します。

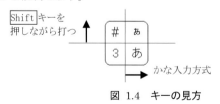

図 1.4　キーの見方

まず，キーを縦に二等分してみます。通常は，そのキーの左半分に表示されている文字が入力されます。かな入力方式を使うときだけは左半分に表示されている文字が入力されます。

次にキーを横に二等分してみます。下半分はそのままキーを打ったときに入力される文字です。上半分は，Shift キーを押しながらキーを打ったときに入力される文字です。ただし，アルファベットキーは，下半分の小文字の表記が省略されています。2 つのキーを例に，モードと入力される文字の対応を表 1.1 に示します。

表 1.1　モードと入力文字

モード		キーの例	#あ 3あ	Aち
日本語入力システムオフ			3	a
		Shift キー	#	A
日本語入力システムオン	ローマ字入力		3	あ
		Shift キー	#	a
	かな入力		あ	ち
		Shift キー	あ	

注：下線が表示されているものは，変換対象であることを示す。

ローマ字入力でよく使用する句点 ‘．’ は のキーを，読点 ‘，’ は のキーを押します。このようにいくつかの例外はありますが，ほとんどがこの表のようになっています。

1.2.3　単語の入力と変換

ローマ字入力を前提に説明します。

(1) 変換の基本

読みを入力し，変換キーを押して候補文字を表示し，確定します。

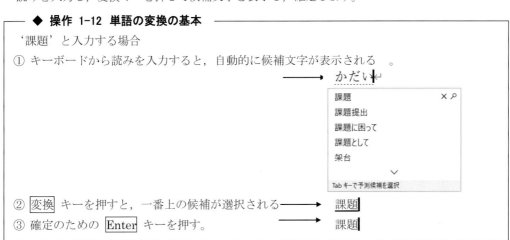

◆ 操作 1-12　単語の変換の基本
‘課題’ と入力する場合
① キーボードから読みを入力すると，自動的に候補文字が表示される　。
② 変換 キーを押すと，一番上の候補が選択される
③ 確定のための Enter キーを押す。

基本的には上の 3 ステップでよいのです。変換 キーの代わりに スペース キーを使用することもできます。また，変換した漢字を確定するために Enter キーを押しますが，確定した後の Enter キーは，改行の指示を意味します。

◇ 解説 1-3　Enter キーの役割
・文字が未確定状態のとき…確定を指示。
・確定状態のとき…改行（段落記号）の挿入。

(2) 候補文字の選択

　一度の変換で目的の漢字に変換されなかった場合に，他の候補文字を表示し選択する方法を以下に示します。

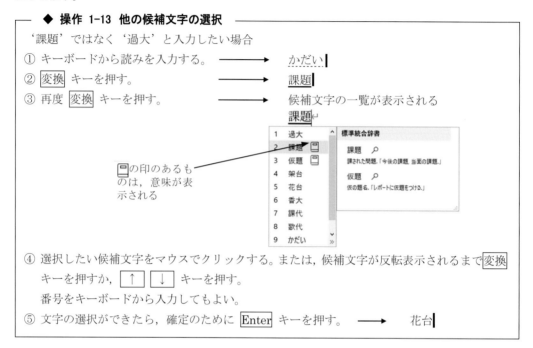

◆ **操作 1-13　他の候補文字の選択**

‘課題’ではなく‘過大’と入力したい場合

① キーボードから読みを入力する。　━━━▶　かだい|

② 変換 キーを押す。　　　　　　　　　━━━▶　課題|

③ 再度 変換 キーを押す。　　　　　━━━▶　候補文字の一覧が表示される

　　　　　　　　　　　　　　　　　　　　　課題↵

　　　　　　　　　　　　　　　　1　過大　　　　標準統合辞書
　　📖の印のあるも　　　　　　　2　課題 📖　　課題 🔍
　　のは，意味が表　　　　　　　3　仮題 📖　　課された問題.「今後の課題, 当面の課題.」
　　示される　　　　　　　　　　4　架台
　　　　　　　　　　　　　　　　5　花台　　　　仮題 🔍
　　　　　　　　　　　　　　　　6　香大　　　　仮の題名.「レポートに仮題をつける.」
　　　　　　　　　　　　　　　　7　課代
　　　　　　　　　　　　　　　　8　歌代
　　　　　　　　　　　　　　　　9　かだい

④ 選択したい候補文字をマウスでクリックする。または，候補文字が反転表示されるまで 変換
　キーを押すか，↑ ↓ キーを押す。
　番号をキーボードから入力してもよい。

⑤ 文字の選択ができたら，確定のために Enter キーを押す。　━━━▶　花台|

● **演習 1-1　単語の入力**

Wordを起動し，以下の単語を入力せよ。

　　記者　汽車　貴社　帰社　喜捨　キシャ　ｷｼｬ　ｋｉｓｙａ　kisya
　　伝奇　電器　電気　電機　伝記　でんき　デンキ　ﾃﾞﾝｷ　ＤＥＮＫＩ
ヒント：カタカナ，英字については入力モードを切り替えて入力する。

1.2.4　文章の入力と変換

　文章を一括して入力し，変換することができますが，文章の区切りを日本語入力システムが自動的に判断することになるため，意図しない変換結果となることがあります。そうなると，かえって入力の効率が良くありません。したがって，「文節単位に入力しては，変換すること」を繰り返すのが一番確実です。文節同士の関連が強い場合には，複数の文節を一度に変換するのが効率的なことも多いですが，読点「，」で区切った変換や，少ない文節単位の変換を心がけてください。ここからは，変換結果が意図しないものとなった場合の，区切りの変更や入力の訂正，再変換の方法について解説します。例として，1文を入力した場合の例を使用していますが，あくまで文節単位の変換を基本としてください。

(1) 変換の基本

　文字を入力し，変換する方法は，単語の入力と同じです。

◆ 操作 1-14 文章の変換の基本

'私は医者へ行く。'と入力する場合

① キーボードから読みを入力する。 ――→ わたしはいしゃへいく。|

② 変換 キーを押す。 ――→ <u>私は医者へ行く。</u>|

③ 確定のための Enter キーを押す。――→ 私は医者へ行く。|

---

(2) 変換の対象となる文節の移動

　②で変換を行ったときに，太い下線が表示されている部分が，現在，他の候補文字に変換し直すことのできる文節です。この文章の中の'医者へ'の文節を'慰謝へ'に変えるには，まず太い下線表示を'医者へ'の位置に移動する必要があります。 → キーを押せば，次の文節まで移動することができます。 ← キーを押せば，戻すことができます。または，マウスを変換対象としたい文節の上でクリックしても同様のことができます。

◆ 操作 1-15 変換対象の移動

'私は慰謝へ行く。'と入力する場合

① キーボードから読みを入力する。 ――→ わたしはいしゃへいく。|

② 変換 キーを押す。 ――→ <u>私は医者へ行く。</u>|

③ → キーを押す。 ――→ 私は<u>医者へ</u>行く。|

　(順に → キーを押していくと，文節単位に移動する。)

④ 該当文字に変換し直す。　　　　　私は<u>慰謝へ</u>行く。|

1	医者へ
2	慰謝へ
3	慰藉へ
4	いしゃへ
5	イシャへ

　注：ここで他の候補文字の選択の操作（操作 1-13）を行うが，Enter キーを押すと，一括して入力したすべての文字が確定されてしまう。複数文節の変換の場合，選択したい候補文字をマウスでクリックするか，文字の左に表示されている番号を入力する。

⑤ 確定のための Enter キーを押す。――→ 私は慰謝へ行く。|

---

(3) 文節の区切りの変更

　例文では，<u>わたしは</u> <u>いしゃへ</u> <u>いく</u> 。と，3 つの文節と句点に区切って変換されましたが，この区切りではなく，<u>わたし</u> <u>はいしゃへ</u> <u>いく</u> 。とします。'私は'が変換対象となって太い下線表示がされているときに Shift キーを押しながら ← を押すと，区切りを 1 つ左にずらすことができます。逆に Shift キーを押しながら → を押すと区切りを右にずらすことができます。

◆ 操作 1-16 文節区切りの変更

① '私歯医者へ行く。'と入力する場合

② キーボードから読みを入力する。 ――→ わたしはいしゃへいく。|

③ 変換 キーを押す。 ――→ <u>私は医者へ行く。</u>|

④ Shift キーを押しながら ← を押す。――→ **わたし**は医者へ行く。|

　変換対象の文字がひらがなに戻り，青い反転表示となる。

　注： Shift を押しながら → ， ← で，文節区切りが移動する。

---

⑤ 文節または変換対象文字列を選択する。　　➡　　私はいしゃへ行く。▮

⑥ 該当文字に変換できたら，次の文節に移動し，文節区切りが正しければ変換し直す。文節区切りが正しくなければ，③の操作を行い変換する。

⑦ 確定のための Enter キーを押す。　　➡　　私歯医者へ行く。▮

(4) 変換のキャンセル

　変換を行ってみて，どうしても希望する文字に変換されないため見直したところ，入力ミスをしていることに気づいたという場合があるでしょう。このときには，文字を入力した当初の状態に戻し，入力した文字を変更することができます。

> **◆ 操作 1-17　変換のキャンセル**
>
> '私は地代を出した。'と入力するのに'ちだい'を'かだい'と入力ミスした場合
>
> ① キーボードから読みを入力する。　　➡　　わたしはかだいをだした。▮
>
> ② 変換 キーを押す。　　➡　　私は課題を出した。▮
>
> 　 ここで入力ミスに気づいた場合
>
> ③ 順に → キーを押していき，修正したい文節位に移動する。
>
> 　　　　　　➡　　私は課題を出した。▮
>
> ④ 変更をキャンセルしたい文節で Esc キーを押し，ひらがなに戻し，← を押して訂正する文字の左側に位置づけ，Delete キーで削除した後，入力し直す。
>
> 　　　　　　➡　　私はちだいを出した。
>
> ⑤ 変換し，確定する。　　➡　　私は地代を出した。▮

> **● 演習 1-2　文章の入力**
>
> ・メモ帳を開き，以下の文章を入力せよ。
>
> 　　右の橋を渡る。右の端を渡る。
>
> 　ヒント：メモ帳は，プログラムメニューの[アクセサリ]の中の[メモ帳]を起動。
>
> 　　　　　文字を入力する前に日本語入力システムを起動すること。

1.2.5　ひらがな，カタカナ，英字の入力

　漢字と同様に変換を行えば，カタカナや英字に変換することができますが，キーボードの上列に並んでいるファンクションキーを押せば，直接変換することもできます。変換される文字の種類とファンクションキーの対応を表 1.2 に示します。

表 1.2　ファンクションキーと変換される文字

ファンクションキー	変換される文字	
	ローマ字入力	かな入力
F 6	全角ひらがな	全角ひらがな
F 7	全角カタカナ	全角カタカナ
F 8	半角文字	半角文字
F 9	全角英数	全角カタカナ
F10	半角英数	半角文字

　かな入力の場合，F9，F10 で英数に変換することができませんので注意してください。ローマ字入力の場合，F9，F10 を複数回押すことで，小文字，大文字，先頭 1 文字のみ大文字に変換することができます。最後に Enter キーを押して確定してください。

┌─── ● **演習 1-3 単語の入力** ═══
│ Word を起動し，以下の単語を入力せよ。
│　　キシャ　ｷｼｬ　kisya　KISYA　Kisya　ｋｉｓｙａ　ＫＩＳＹＡ　Ｋｉｓｙａ
│ ヒント：表 1.3 を参照し，ファンクションキーを使用する。
└─────────────────

1.2.6　入力した文字の編集

　校正を行う場合には，作成した文章に文字列を挿入，削除，移動，コピーを行う必要が出てきます。また，確定した後で気づいた変換ミスや入力ミスを修正する必要もあります。

(1) 文字列の追加

　文字列の追加は，追加したい場所にカーソルを位置づけ，文字を入力します。

┌─── ◆ **操作 1-18　文字列の追加** ───
│ '私は課題を出した。'を'私は先生に課題を出した。'と変更する場合
│ ① 挿入位置にカーソルを位置づける。　　──▶　　私は|課題を出した。
│ ② '先生に'と入力し，確定する。　　──▶　　私は先生に|課題を出した。
└─────────────────

(2) 文字列の削除

　文字を削除するには，Delete キーと Backspace キーを使用します。Delete キーは削除したい文字の左側にカーソルを位置づけ，Backspace キーは，削除したい文字の右側にカーソルを位置づけます。また，文字列を選択した場合には，Delete キー，Backspace キーどちらでも，一度押すだけでその文字列を削除できます。

┌─── ◆ **操作 1-19　文字列の削除（範囲選択）** ───
│ '私は先生に課題を出した。'を'私は課題を出した。'と変更する場合
│ ① 削除したい文字列を選択する。　　　　　　──▶　　私は先生に課題を出した。
│ 　　目的の文字列をドラッグしてグレー表示させる。
│ ② Delete キーまたは Backspace キーを押す。　──▶　　私は|課題を出した。
└─────────────────

(3) 文字列の置き換え

　文字列の置き換えは，不要な文字を削除してから追加すればよいのですが，不要な文字列を選択し反転表示させた状態で，置き換えたい文字を入力することもできます。

┌─── ◆ **操作 1-20　文字列の置き換え** ───
│ '私は課題を出した。'を'私は宿題を出した。'と変更する場合
│ ① 不要な文字列を選択する。　　　──▶　　私は課題を出した。
│ 　　目的の文字列をドラッグしてグレー表示させる。
│ ② 置き換えたい文字を入力する。　　──▶　　私は宿題|を出した。
│ 　　'宿題'と入力するだけで選択した文字と置き換えられる。
└─────────────────

(4) 既確定の文字の再変換

　間違えていったん確定をしてしまった文字を再度変換することができます。ただし，この機能をサポートしているアプリケーションでのみ使用できます。

─── ◆ 操作 1-21　文字列の再変換 ─────────────────

すでに変換した'課題'という文字を'過大'に変換し直す場合

① 変換し直したい文字列をドラッグして選択する（グレー表示）。

　　　　　　　　　　　　　　　　⟶　　私は課題を出した。

② この状態で 変換 キーを押す（太い下線表示となり，候補文字が表示される）。

③ 候補文字の一覧から選択し，確定する。 ⟶　私は過大を出した。

──

　すでに入力した文章のミスを発見した時の対処も，これを応用します。入力ミスのために変換の
うまくできていない範囲をドラッグして再変換した後，操作 1-17 の方法で変換をキャンセルし，
文字を修正して変換し直します。

(5) 文字列の移動とコピー

　マウスを使用して文字を移動するには，移動元の文字列を選択し，移動先までドラッグします。
コピーは同様のドラッグ操作を Ctrl キーを押しながら行います。感覚的にはわかりやすいですが，
編集メニューやショートカットを利用したほうが便利です。

　まず，操作方法の前に概念の説明をしておきます。他のすべての Windows アプリケーションに
応用できますので，是非理解しておいてください。

─── ◇ 解説 1-4　移動とコピーの定義 ─────────────

◆ 移動　　　：移動したいデータをそこから**切り取り**，別の場所に**貼り付ける**。

　　　　　　　（**カットアンドペースト**という）

◆ コピー　　：コピーしたいデータを複写(**コピー**)し，別の場所に**貼り付ける**。

　　　　　　　（**コピーアンドペースト**という）

──

　したがって，移動には**切り取り**と**貼り付け**の 2 つの指令を，コピーには**コピー**と**貼り付け**の 2 つ
の指令を実行することになります。

─── ◇ 解説 1-5　移動とコピーの概念 ─────────────

◆ 移動

① 移動元のデータを選択。

② 切り取りを実行。

　（データが消え，クリップボードという別
　の場所に保存される）

③ 移動先の場所を指定する。

　（カーソルを位置づける）

④ 貼り付けを実行。

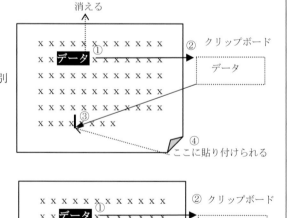

◆ コピー

① コピー元のデータを選択。

② コピーを実行。

　（データはそのままで，クリップボードと
　いう別の場所にも保存される）

③ コピー先の場所を指定する。

　（カーソルを位置づける）

④ 貼り付けを実行。

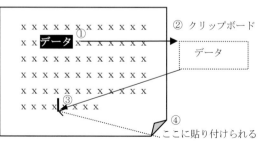

クリップボードに保存されたデータは，次に切り取りやコピーの操作を行うまで残っていますので，同じデータを何度でも他の場所へ貼り付けることができます。

　文字列の選択やカーソルの位置づけは説明済みですので，切り取り，貼り付け，コピーの仕方を説明します。これらの指令は，すべて編集メニュー上にあります。また，非常によく使う指令なので，ツールバーにも表示されています。

◆ 操作 1-22　移動の操作

'私は昨日課題を出した。'を'私は課題を昨日出した。'と変更する場合

① 移動したい文字'課題を'を選択する。　　　　　⟶　　　私は昨日課題を出した。

② [切り取り]を選択する。（メモ帳などではメニューバーから[編集]，[切り取り]をクリック）

　　　　　　　　　　　　　　　　　⟶　　私は昨日出した。

③ 移動したい場所にカーソルを位置づける。　　　⟶　　私は昨日出した。

④ [貼り付け]を選択する。（メモ帳などではメニューバーから[編集]，[貼り付け]をクリック）

　　　　　　　　　　　　　　　　　⟶　　私は課題を昨日出した。

◆ 操作 1-23　コピーの操作

'私は課題を昨日出した。'を'私は課題を昨日出した。課題を'とする場合

① コピーしたい文字'課題を'を選択する。　　　　⟶　　私は昨日課題を出した。

② [コピー]を選択する。（メモ帳などではメニューバーから[編集]，[コピー]をクリック）

　　　　　　　　　　　　　　　　　⟶　　私は昨日課題を出した。

③ コピーしたい場所にカーソルを位置づける。　　⟶　　私は昨日課題を出した。|

④ [貼り付け]を選択する。（メモ帳などではメニューバーから[編集]，[貼り付け]をクリック）

　　　　　　　　　　　　　　　⟶　私は課題を昨日出した。課題を|

　Word，Excel などでは，ホームタブコマンドを使用することになりますし，アプリケーションによってはツールバーが表示されるものもありますが，その都度マウスを動かすのは面倒です。特に文字入力ではキーボードからデータを入力しますので，キーボード操作で移動やコピーができればよいと思うことがあるでしょう。こういった場合に，対応する指令をキーボードから指示するショートカットキーを覚えておくと便利です。

◇ 解説 1-6　指令とショートカットキーの対応

切り取り　　：Ctrl キーを押しながらアルファベットの X キーを押す。

コピー　　　：Ctrl キーを押しながらアルファベットの C キーを押す。

貼り付け　　：Ctrl キーを押しながらアルファベットの V キーを押す。

● 演習 1-4　文章の修正

・Word を起動し，1行目に「私は右の橋を渡る。あなたは左の橋を渡る。」と入力（文節単位に入力）せよ。

・この文章を3行コピーせよ。

・コピーした文章をもとにして再変換を行い，下図の2行目の様に変換せよ。

・コピーした文章をもとにして必要な個所を修正し，下図の3行目の様に修正せよ。

・コピーした文章をもとにして必要な個所を修正し，下図の4～5行目の様に修正せよ。この操作では，できる限り，移動，コピーを使用すること。

> 私は右の橋を渡る。あなたは左の橋を渡る。
> 私は右の端を渡る。あなたは左の端を渡る。
> 私は右手で箸を持つ。あなたは左手で箸を持つ。
> 私は左の橋を渡るあなたの姿を右の橋の端からながめている。あなたからも
> 右の橋の端にいる私の姿が見える。

1.2.7　IME パッドを使用した入力

読みがわからない漢字や，思うように変換されない文字を入力するために，IME パッドを利用することができます。

> **◆ 操作 1-24　IME パッドを使用した入力**
> ① タスクバー左端の通知領域の［MS-IME］モードボタンを右クリックする（操作 1-13 参照）。
> ② 表示されたメニューから変更したいモードから，［MS-IME パッド］をクリックして選択する。
> ③ ［IME パッド］が表示される（図 1.5 参照）。手書きモードが表示されるので，マウスで文字を書き，［認識］ボタンをクリックし，候補文字から該当する文字をクリックし，入力する。
> 注：左端にモード切り替えボタンが表示されている。手書き以外にも，文字一覧，ソフトキーボード，総角数，部首入力モードがあり，必要に応じて切り替える。

図 1.5　IME パッドを使用した入力

1.3　ファイルの管理

1.3.1　ファイルとフォルダ

ファイルは，コンピュータに保存するときの単位です。文書データ，表データ，プログラム等，作成したものはすべてファイルとして保存されます。

フォルダは，分類のための入れ物でファイルを綴じておくバインダーのようなものです。ディスクの中にファイルをバラバラに入れておくよりも，関連のあるファイルをまとめて 1 つのフォルダに入れておけば，取り出すときにわかりやすく便利です。フォルダの中には別のフォルダを入れることもでき，階層的な管理が可能です。フォルダは，黄色いバインダーの形をしているので，すぐに見分けることができます。

> **◇ 解説 1-7 ファイルとフォルダの見分け方**
> **ファイル** …さまざまな種類があるが，主に紙の形
> **フォルダ** …バインダーの形

ファイルやフォルダには名前を付けることができます。付ける名前には，使用する OS やアプリケーションによって規則があります。Windows の規則をおさえておきましょう。

(1) ファイル名の構成

ファイル名は，ピリオドを区切りに前の部分と，**拡張子**と呼ばれる部分から構成されています。前の部分は，ファイルの内容を反映してわかりやすいように自分で決めることができます。**拡張子**は，英字 3～4 文字程度の決まった文字列で構成されるもので，そのファイルを作成したプログラムや関連付けたいファイルの特徴を表します。全体でファイル名ですが，Windows の設定では，拡張子を表示させないこともでき，前半部分をファイル名と呼んでいる場合があります。フォルダにもファイルと同様に名前を付けますが，拡張子は付けません。

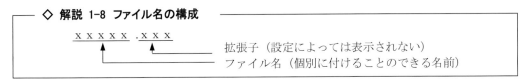

◇ 解説 1-8 ファイル名の構成

XXXXX.XXX — 拡張子（設定によっては表示されない）
ファイル名（個別に付けることのできる名前）

(2) 代表的な拡張子

拡張子の代表的なものを紹介します。

表 1.4　代表的な拡張子

拡張子	
.docx	Word の文書ファイル
.xlsx	Excel の表ファイル
.pptx	PowerPoint のプレゼンテーションファイル
.txt	テキストファイル
.bmp	ビットマップファイル
.jpg	JPEG という規格の画像ファイル
.html	インターネットで使用する HTML で書かれたファイル
.exe	実行可能ファイル（実行形式のプログラム）

ファイル名を表示させるときに拡張子を表示させるかどうかは選択することができます。

(3) ネーミングルール

ファイル名のネーミング規則は，使用するアプリケーションによって少しずつ異なっていますが，Windows 上で動作するアプリケーションであれば大差はありません。

◆ 文字数

Windows で扱うことのできるファイル名の文字数は 255 文字です。

◆ 使用してはいけない文字

半角の ¥ / : ; * ? " | , < >

(4) わかりやすい名前の付け方

ネーミングの制約を考慮し，名前の付け方に自分なりの規則を決めておくとよいでしょう。

たとえば，「文字数は，半角で 20 文字，全角でも 10 文字までとする」などです。あまり長すぎると見にくくなりますし，短すぎると内容をきちんと表現することができません。フォルダを上手に使って関連のあるファイルをひとまとめにして保管することにすれば，数文字程度でもわかりやすい名前とすることができるはずです。また，後で探すときにわかりやすいように，内容を端的に表すものにすべきです。ちょっと保存しておくだけのつもりで，"A" などとつけると，何が入っているか想像もできず，困ることがあります。

　また，ファイル名の中にスペースを含むこともできますが，Windows 以外ではあまり使われないので，スペースの代わりにハイフンやアンダーバーを使用することを推奨します。連番をつけたいファイルなどにも，XXX-1, XXX-2 または XXX_1, XXX_2 のようにハイフンやアンダーバーで区切ってもよいのです。細かい規則は必要ありません。見やすく，中身がわかりやすい名前としましょう。

(5) ファイルの階層構造

　管理するファイルの数が増えた場合には，フォルダを階層化します。大分類，小分類にグルーピングしておくと，ファイルが見つけやすくなります。

1.3.2　エクスプローラでコンピュータの中身を見る

　エクスプローラを使用して，コンピュータで使用することのできる装置を表示し，その中のデータを参照，加工することができます。

◆ 操作 1-25　エクスプローラの起動

① **タスクバー**の中央部にピン留めされたアプリの中から［**エクスプローラ**］**アイコン** 　 をクリックする。

　表示されたエクスプローラの構成を解説しましょう。

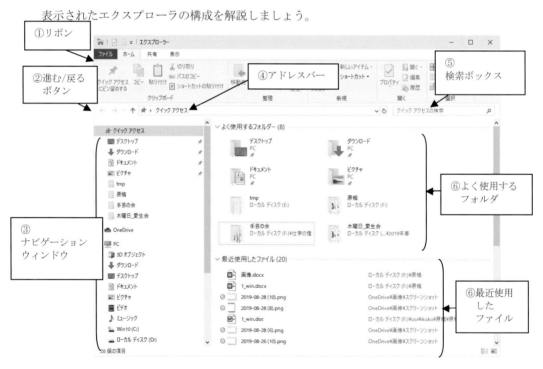

図 1.6　エクスプローラの起動コンピュータの表示

◇ 解説 1-9　エクスプローラウィンドウの構成（図1.6参照）

① **リボン**：実行できる命令が表示される。タブをクリックすると表示される内容が変わる。

② **進む/戻るボタン**：前に開いたウィンドウに戻ったり，進んだりするためのボタン。

③ **ナビゲーションウィンドウ**：ライブラリやコンピュータ内のファイルの階層構造を表示する。ファイルやフォルダの検索や，移動／コピーを行うこともできる。

　ナビゲーションウィンドウの[PC]をクリックすると，そのPCに接続されているデバイスやドライブを表示することができる。

　注：デスクトップ画面に[PC]**アイコン**が表示されている場合には，ダブルクリックで表示される。

④ **アドレスバー**：表示されているファイルの場所を，開いてきたフォルダの上下関係を詳しく表示し，クリックによって自由に移動することができる。

⑤ **検索ボックス**：文字列を入力し，選択したフォルダに保存されているファイルを検索する。

⑥ **よく使用するフォルダ**：選択されたフォルダの内容が表示される。検索ボックスを使用して検索した場合には，検索結果が表示される。

⑦ **最近使用したファイル**：選択されたフォルダの内容が表示される。検索ボックスを使用して検索した場合には，検索結果が表示される。

1.3.3　フォルダの操作

ファイルの操作に便利な機能をみていきましょう。

(1)　表示の切り替え

ファイルの表示形式を変更することができます。詳細形式は，1行に1ファイルの情報を表示し，名前や更新日付順に並べ替えることができます。また，画像データ等のイメージを確認したいときには，大アイコンなどを選択します。

◆ 操作 1-26　ファイル一覧の表示形式の変更

① タブの[表示]を**クリック**し，[レイアウト]グループから各設定をクリックする（図1.7参照）。

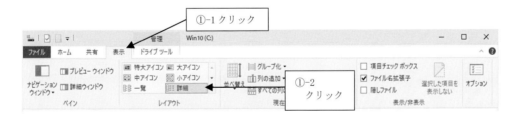

図 1.7　ファイル一覧の表示形式の変更（Windows8）

こうして表示させた詳細表示の内容を以下に解説します。

◇ 解説 1-10　詳細表示の内容

詳細表示とすると，ファイル一覧領域に，1ファイル（または1フォルダ）1行で表示される。ファイル一覧の見出し部分は，表示するファイルの内容により変化する。

下図の例では，名前，更新日時，種類，サイズ…と表示されている。各見出しタイトルは，ボタンとなっており，クリックすると，その項目での並べ替えができる。

[**名前**]をクリックすると，名前の昇順に並べ替えされて表示される。再度同じボタンをクリックすると，降順に並べ替えられて表示される。同様に，[**更新日時**]をクリックすると，更新日付で並べ替えされるため，最近編集したものを簡単に探すことができる。

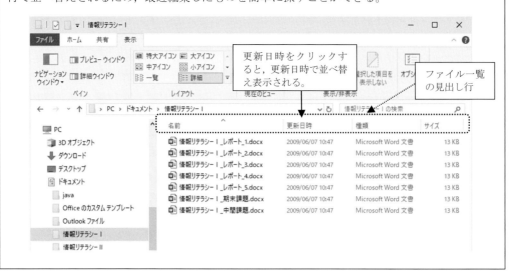

(2) アドレスバー

ここで，便利なアドレスバー使用方法を解説します。

◇ 解説 1-11　アドレスバーの利用

例：**ドキュメント**の中の**サークル**フォルダの中の**規約**フォルダの中の内容を参照している。

→**規約**フォルダの上位の**サークル**フォルダと同列にある参考資料フォルダを表示したい

アドレスバーは，順に開いたフォルダの階層を表示する。現在表示しているフォルダの上位のフォルダを参照したい場合，上位フォルダ名の右の▼をクリックすると，そのフォルダの下にあるフォルダをすべて表示させることができる。

ドキュメント右の▼をクリックすると，ドキュメントの中のフォルダがすべてメニューとして表示されるため，簡単に上位フォルダを選択し直すことができる。

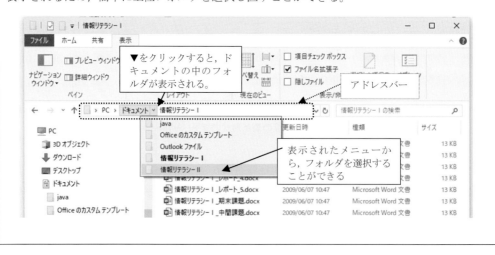

1.3.4　フォルダの作成

新しいフォルダを作成してみましょう。

┌─ ◆ 操作 1-27　フォルダの作成 ──────────────
① フォルダを作成したいフォルダを表示させる。

　例：[**ドキュメント**]を表示させる。
② [**ホーム**]タブをクリックし，表示されたリボンの[**新規**]グループから[**新しいフォルダー**]を
　クリックする（図 1.8 参照）。
③ '新しいフォルダー' という名前のフォルダが作成される。

　名前の周囲に枠線が表示され，'新しいフォルダー' の文字が青色に反転表示されているこ
　とを確認（名前が置き換え可能な状態）し，自分の付けたい名前を入力する。
└────────────────────────────

図 1.8　フォルダの作成（Windows8）

1.3.5　名前の変更

自分の作成したファイルやフォルダの名前を変更することができます。

┌─ ◆ 操作 1-28　名前の変更 ──────────────
① 目的のフォルダを開き，名前を変更したいフォルダやファイルのアイコンを表示させ，選択。
② ファイルの上で右クリックして表示されたショートカットメニューから[**名前の変更**]をク
　リック。
　注：ファイルのアイコンをクリックした後，名前の部分をクリックしてもよい。
③ 名前のまわりに外枠が表示され，名前が反転表示させる（名前変更モード）。

カーソル

　　　　・名前が反転表示されている状態で新しい名前を入力すれば，置き換えられる。
　　　　・名前の一部を変更したいときには，変更したい個所でマウスをクリックし，
　　　　　カーソルを表示させる。カーソルのある位置で文字を追加，削除する。
└────────────────────────────

1.3.6　ファイルの移動，コピー，削除

各アプリケーションで作成したファイルを，特定のフォルダなどに移動したり，コピーしたり，不要なファイルやフォルダを削除したりする必要が出てきます。操作方法は多数ありますが，マウスを使用する方法を紹介します。また，マウスの右ボタンを使用してドラッグする移動・コピーはとても便利ですので，この方法についても紹介します。

(1) ドラッグアンドドロップによるファイルやフォルダの移動とコピー

移動したいアイコンをドラッグして，移動先のフォルダアイコンを開いた上で離します（ドラッグアンドドロップ）。移動先のフォルダアイコン上に重ねて離しても同じ結果となります。ハードディスク（C）の中での移動のように，同じドライブの中ではドラッグアンドドロップで移動します。別のドライブ（ハードディスク（C）からネットワーク上のドライブへというように）に移したいときは，この方法ではコピーされます。整理しておきましょう。

──

◇　**解説 1-12 指定する場所によるドラッグアンドドロップの違い**

・同一ドライブ内でのドラッグアンドドロップ　　　→　　移動される

・別ドライブ内でのドラッグアンドドロップ　　　　→　　コピーされる

──

　このようにドラッグアンドドロップでは，指定する場所により，移動とコピーがかわります。場所にかかわらず，移動，コピーを強制的に行う方法を解説しておきましょう。

──

◇　**解説 1-13 マウスでの移動とコピー**

・強制的な移動：　　　　　　　　　Shift キーを押しながらドラッグアンドドロップをする。

・強制的なコピー：　　　　　　　　Ctrl キーを押しながらドラッグアンドドロップをする。

──

(2) 右ボタンドラッグによるファイルやフォルダの移動とコピー

　マウスの右ボタンを使用してドラッグアンドドロップを行うと，ドロップした場所で移動・コピーの選択ができます。左ボタンを使用する場合のように，同じドライブかどうかを意識する必要がなく，便利です。

──

◆　**操作 1-29 右ボタンを使用したファイルやフォルダの移動とコピー**（図 1.9 参照）

① 移動またはコピーしたいファイルやフォルダのあるウィンドウと，移動またはコピー先となるフォルダのウィンドウを表示させる。

② 移動またはコピーしたいファイルやフォルダをクリックし，アイコンを青く表示させる。このアイコン上でマウスの右ボタンを押した状態でドラッグし，移動またはコピー先のウィンドウでボタンを離す（ドロップ）。

③ ボタンを離した位置でショートカットメニューが表示される。その中から[ここに移動]，または[ここにコピー]をクリックする。

　注：同一フォルダにファイルをコピーした場合には，ファイル名の後ろに「‐ コピー」が付加。

──

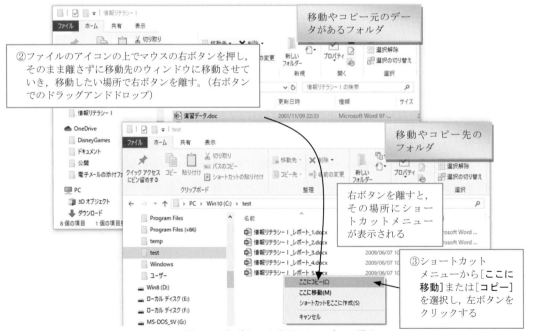

図 1.9　右ボタンを使用したコピーの操作

(3) ファイルやフォルダの削除

削除したいファイルやフォルダをクリックして選択し，Delete キーを押します。ハードディスク（C）から削除したものは，一時的に‘ごみ箱’に保存され，元に戻すことができますが，外部の媒体の場合は消滅してしまいますので注意が必要です。

◆ **操作 1-30 ファイルやフォルダの削除**

① 削除したいファイルやフォルダのアイコンをクリックして選択し，キーボードから Delete キーを押す。

② ［このファイルをゴミ箱へ移動しますか？］とメッセージが表示されるので，［はい］をクリックする。削除を取りやめたいときには［いいえ］をクリックする。

注：誤って削除した場合，ゴミ箱へ移動したものは，元に戻すことができる。
USBメモリ等の外部媒体のデータを削除する場合には，［このファイルを完全に削除しますか？］とメッセージが表示され，いったん消してしまうと元に戻せない。

1.3.7 USB メモリの操作

パソコンではさまざまな記憶媒体を使用することができますが，コンパクトで保存できる容量が大きく，比較的安価なUSBメモリの使用が一般的になってきています。USBメモリを準備すれば，容易にデータを持ち運ぶことができます。USBメモリは，リムーバブルディスクの一種です。

◆ **操作 1-31 USB メモリの使用**

① USBメモリを，パソコンのUSBポートに接続する。凹凸を合わせて差し込む。

注：媒体や環境によって準備の仕方はさまざまで，少し時間がかかることがある。

② 準備が済むと**エクスプローラ**に表示されるので，ハードディスクドライブと同様に扱う。

注：自動的にウィンドウが開く場合もある。

作業が終了したら，USBメモリをパソコンから取り外しますが，開いているファイルは確実に閉じ，取り外しの手順を踏む必要があります。

◆ **操作 1-32 USB メモリの取り外し（図 1.10 参照）**

① ［コンピュータ］アイコンをダブルクリックして開き，取り外したいリムーバブルディスクドライブの上で右クリックする。

② 表示されるショートカットメニューから［取り出し］をクリックする。

③ USBメモリを，パソコンのUSBポートから取り外す。

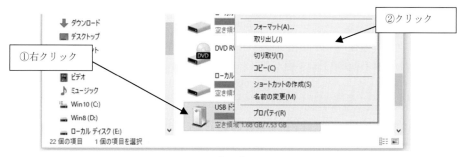

図 1.10 リムーバブルディスクの取り外し

1.3.8　拡張子表示の変更

　1.3.2 で，ファイルの拡張子に触れました。2 章で行う文書処理などの専用プログラムを使用する場合，作成したファイルを保存するときには，そのプログラムで決められた拡張子が自動的に付加されます。そのため，拡張子を見れば，どのプログラムで作られたデータかがわかります。用途に応じて拡張子を変更することも必要になる場合があるので，エクスプローラウィンドウでファイルを表示するときに，拡張子を表示する方式にしておいた方が便利です。それでは，拡張子を表示するように設定を変更してみましょう。

◆ **操作 1-33　ファイルの拡張子を表示する**

① **エクスプローラウィンドウ**を表示する。
② ［**表示**］タブをクリックし，表示されたリボンの［**表示／非表示**］グループから［**ファイル名拡張子**］をクリックする（図 1.11 参照）。

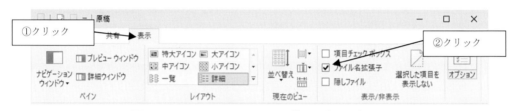

図 1.11　Windows8 のファイルの拡張子表示の変更 2

1.3.9　アプリケーションからのファイル操作

　Word，Excel 等のアプリケーションで作成したデータは，ファイルとして保存します。新規にファイルに保存する方法と，作成したファイルを開く方法を解説します。名前を付けて保存の指示は，画面がアプリケーションによってある程度違いますが，その後の操作は，すべてのアプリケーションに共通します。

(1)　新しくファイルとして保存する（名前を付けて保存）

　データを作成してはじめて保存しようとするとき，そのデータをどこに，どんな名前で保存するのかを指定する必要があります。この操作が**名前を付けて保存**です。各アプリケーションに共通の操作ですが，ここでは Word の場合を例に説明します。

◆ **操作 1-34　名前を付けて保存の操作**

① ［**ファイル**］タブをクリックする。表示された画面の左メニューから［**名前を付けて保存**］を選択しクリックする（図 1.12 参照）。
② 画面の右の［**名前を付けて保存**］画面で ［**参照**］をクリックする。
　　注：メモ帳などでは，メニューバーの［**ファイル**］をクリックし，表示されたメニューから［**名前を付けて保存**］を選択しクリックする（図 1.13 参照）。
③ ［**名前を付けて保存**］ダイアログボックスが表示される。このダイアログボックスの上部は，解説 1-9 で解説したエクスプローラと同等の構成となっている。保存したい場所を順に選んで［**アドレスバー**］に表示する。
④ ダイアログボックスの下部の［**ファイルの種類**］を確認し，種類を変更する場合には，右の下向き三角▼をクリックし，保存したい種類を選択し，［**ファイル名**］の欄に付けたい名前を入力し，［**保存**］ボタンをクリックする（図 1.13 参照）。

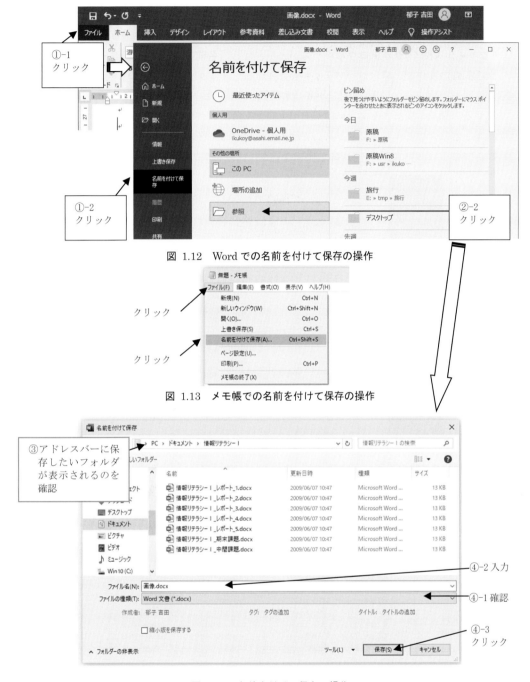

図 1.12 Word での名前を付けて保存の操作

図 1.13 メモ帳での名前を付けて保存の操作

図 1.14 名前を付けて保存の操作

(2) 既存のファイルを開く

保存してあるファイルを開く操作を Word の場合を例に説明します。

◆ 操作 1-35 ファイルを開く操作

① [ファイル]タブをクリックする。

② 表示された画面の左メニューから[開く]をクリックする（図 1.15 参照）。

③ 画面の右の[開く]画面で，[参照]をクリックする。

> 注：**メモ帳**などでは，メニューバーの[**ファイル**]をクリックし，表示されたメニューから[**開く**]を選択しクリックする。
> ④ [**ファイルを開く**]**ダイアログボックス**が表示される。[**名前を付けて保存**]**ダイアログボック**
> 　 **ス**と同様の操作で，開きたいファイルの存在するフォルダを[**アドレスバー**]に表示する。
> ⑤ ダイアログボックスの下部の[**ファイルの種類**]が開きたいファイルの種類であることを確
> 　 認する。種類を変更する場合には，右の下向き三角▼をクリックし，種類を選択する。
> ⑥ 表示されたファイル名をクリックして選択し，[**開く**]ボタンをクリックする。

図 1.15　ファイルを開く操作

図 1.16　ファイルを開く操作

2

文書作成力をつける
－Word 活用編－

　さまざまな文書を作成する機会が増えてきます。情報収集，調査を行い，蓄積したデータを分析した結果などから自分の考えをまとめ，見やすく，わかりやすい文書に仕上げることを求められます。レポートや論文以外にも，ビジネス文書についても知っておきましょう。

　文書作成には自分の言葉で的確な表現をする文章表現能力，表現を素早く正確に入力するキーボード操作能力，入力した文章を見やすく編集する能力が必要です。

　表現能力向上にはたくさんの書物を読み，自分の考えを文章にまとめるなどの日々の積み重ねが必要です。文字の入力方法については1章で紹介しています。たかがキーボード操作ですが，入力のスピードは文書作成にかかる時間に大きく影響を及ぼします。素早く正確な入力ができるようになるためには，たくさん入力練習をしてキーボードに慣れるしかありません。キーボードトレーニングソフトなどを活用して訓練しておきましょう。

　この章では Microsoft Word を利用した文書作成，編集能力を身につけます。的確な編集方法を身につけることは，見栄えの良い文書を作成することができるようになるだけではなく，文書作成の体力を大幅に削減することができますし，文書の修正や変更作業の効率を上げることができます。論文作成などに使用できる高度な編集機能についても紹介します。さまざまな場面で活用できるよう，習得していきましょう。

2.1　Microsoft Word の基本操作

2.1.1　Word の起動

　Microsoft Word のプログラムを起動し，新しい文書を作成する方法を確認しましょう。
スタート画面の Word をクリックして起動します。デスクトップ画面にショートカットアイコンがある場合は，これをダブルクリックして Word を起動します。

◆ 操作 2-1 Word の起動

① Word を起動し，初期画面（図 2.1 参照）を表示させる。
② 表示されたテンプレートから[白紙の文書]をクリックする。
　注：最近使用した既存の文書を開くときも，この画面からダイレクトに指示ができる。

図 2.1　初期画面

2.1.2　ウィンドウの構成

　Word のプログラムを起動すると，図 2.2 のようなウィンドウが表示されます。ウィンドウの構成を説明します。

> **◇ 解説 2-1　ウィンドウの構成（図 2.2 参照）**
>
> ① **タイトルバー**… Word と書かれた 1 番上のバー。現在開いている文書の名前がわかり，バーの右端には，画面を操作するための 3 つのボタンが並んでいる。
>
> ② **クイックアクセスツールバー**… タイトルバーの左，リボンの上に位置し，よく使うコマンドが登録されている。初期状態では，上書き保存，元に戻す，繰り返し入力の 3 つが登録されているが，この他にも自由に追加することができる。
>
> ③ **リボン**… タイトルバーの下に表示されているバー。実行したいコマンド（指令）を選ぶ。
> 　注：リボンは処理内容ごとに用意されており，上部の**タブ**をクリックすることで表示する内容を切り替えることができる。
>
> ④ **編集領域** … 文書を入力できる領域。この中に表示されている黒い点滅している縦の棒をカーソルと呼ぶ。このカーソルの位置に文字が入力される。
>
> ⑤ **スクロールバー** …ウィンドウ上に情報が表示しきれないときに，右端，下端に表示される。スクロールバーを使用して文書の表示位置を変更することができる。
>
> ⑥ **ステータスバー** … 表示ページ，文字数など，文書に関する情報が表示される。
>
> ⑦ **表示ボタン** … 閲覧モード，印刷レイアウト，Web レイアウトなど，文書の表示方法を変更することができる。
>
> ⑧ **ズームスライダー** … 文書の表示倍率を変更することができる。

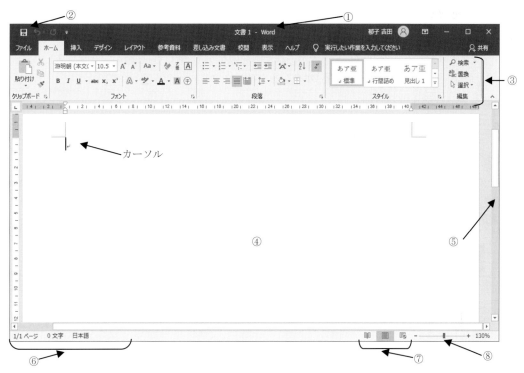

図 2.2　ウィンドウの構成

◇ 解説 2-2　リボンの表示

リボンは処理内容ごとに用意されているコマンド（指令）のバーである。

例として，[ホーム]タブをクリックし，ホームリボンを表示した。

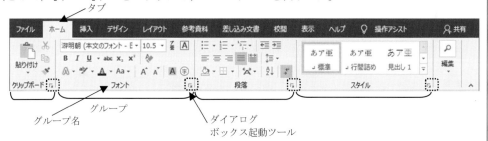

- **タブ**… リボンの上部に表示。タブ名をクリックすることで表示を切り替えることができる。リボンは，作業の内容に応じて，新たに追加されることがあり，その都度必要なものを選択して作業を進めることができる。

- **グループ**… リボン内の縦棒で区切られた区画。各リボンは，処理グループに分類されている。各グループの下部にはグループ名が表示されている。
  グループ名の右横の**ダイアログボックス起動ツール** をクリックして，ダイアログボックスなどを表示させ，指示できる。

- **コマンド**… 各リボンに配置され，グループ単位に分類されたボタンやアイコン等。

  注：リボンのレイアウト（ボタン等の大きさ，位置など）は，表示する画面の幅によって変化する。入りきらない時は，グループ名のみが表示され，表示されないこともある。

2.1.3　Word の終了

┌─ ◆ 操作 2-2　Word の終了 ─────────────────────
① ［ファイル]タブ をクリックし，表示された画面の左から[閉じる]を選んでクリックする。
　または，タイトルバーの[閉じる]ボタンをクリックする。
└──

2.2　新しい文書を作る

2.2.1　文書作成の手順

　Word を起動し，白紙の文書を選択すると，これから文字を入力していくための白紙の文書が準備されます。この文書は通常'文書 1'という名前が付けられています。この名前はタイトルバーで確認することができます（図 2.3 参照）。

文書 1 と表示

図 2.3　文書名の確認

　文書を手書きで作成する場合の手順を考えてみましょう。まず「紙を縦に使うか横に使うか」，「文字を縦書きにするか横書きにするか」，といったことを考えるでしょう。「余白をどの程度残して書き出すか」にも気を使うはずです。それが決まったら文字を書いていきます。「字下げ」や「書き出しの位置」，「文字の大きさ」は，書くときに考慮しなくてはなりません。挿絵を書いたり，強調したりと，文字を書いてから行う「加工」もあるでしょう。たくさんのことを同時に考えなくてはなりません。

　一方 Word では，文字入力の操作と編集の操作を独立して行うことができます。とりあえず文字を入力した後でさまざまな形に編集することができますので，体裁にこだわらず，文書の内容を検討することに専念できるわけです。また，前に書いた文書を流用して似かよった文書を容易に作成することもできます。

┌─ ◇ 解説 2-3　文書作成の手順 ──────────────────

　┌手書き文書作成の場合┐　　　　　┌Word での文書作成の場合（順序不問）┐

　　① 紙を縦に使うか横に　　　　● 文章を入力する。
　　　　使うか，縦書きか横書　　● 編集する。
　　　　きか，余白をどうする　　　　・文章の配置
　　　　かを決める。　　　⇨　　　・文字の大きさ，書体，色
　　② 文字の大きさ，開始位　　　　・文章の開始終了位置等
　　　　置などを考慮しなが　　　● ページ設定を行う。
　　　　ら文章を書く。　　　　　　（文書作成の途中でも変更可）

└──

　日本語入力を使用して文章の入力を行います。この時は，レイアウトや文字の大きさなどに全く注意を払う必要がありません。いつでも編集を行うことができます。

2.2.2　文書の入力に際して

文書作成のために，入力に際して知っておくべきことを解説しておきましょう。

(1)　段落

段落とは，意味を持った文の集まりで文章の区切りです。解説 1-3 で，「確定を終えた場合に Enter キーを押すと改行の意味を持つ」と説明しましたが，Word では，意図的に改行操作を行うまでの文字の集まりを「段落」として扱います。「段落」は重要な編集の単位でもあります。

文章の区切りを表す単位ですから，位置合わせや改行させるために使用するものではありません。もしも同じ段落の中で改行だけを指示したい場合には，以下の方法で表示を変更します。

◆ **操作 2-3　改行のみを指示するときの操作**

① 改行したい場所にカーソルを位置づける。
② Shift キーを押しながら Enter キーを押す。

段落記号は‘ ↵ ’で表示されます。この記号が表示されているところまでが 1 つの段落です。編集記号は，文字と同じ様に削除することもできます。段落記号以外の編集記号を表示させることもできます。空白についても，スペースが入力されている個所には‘ □ ’（全角スペース）や‘ ・ ’（半角スペース）で確認することができます。Shift キーを押しながら Enter キーを押した場合には，行区切り記号‘ ↓ ’が表示されます。文書編集を行い場合には，これらの記号を表示しておきましょう。表示されていない場合の切り替え方法を以下に記します。

◆ **操作 2-4　編集記号の表示／非表示の切り替え**

① ［ホーム］タブの［段落］グループの［編集記号の表示／非表示］ボタン をクリックする。
　注： このボタンがグレーで表示がされていれば表示が選択されており，そうでなければ非表示が選択されている。再度クリックすれば，切り替えを行うことができる。

---

(2)　箇条書き

段落の前に文頭に番号を付けたり，特殊な記号を付けたものを箇条書きと呼びます。この番号を段落番号と呼び，特殊な記号を行頭文字と呼びます。箇条書きも一種の段落ですから，通常の段落として文字だけを入力した後に箇条書きの設定をすることが可能です。詳しい編集方法は 2.3.4 で説明します。

(3)　カーソル

文字は，カーソルが表示されている位置に入力することができます。カーソルは，新しい文書を作成するときには文書領域の左上に表示されています（図 2.2 参照）。カーソルが表示されている位置よりも下に文字を入力したいときには，Enter キーを打ち，改行を入力する（空の段落を追加する）ことで位置調整をすることができます。

なお，Enter キーを打たずに，何も入力されていない領域の任意の位置にカーソルを位置付ける**クリップアンドタイプ**機能が提供されています。便利な機能なので紹介しておきます。

◆ **操作 2-5　任意の位置へのカーソルの位置付け**

① 文字を入力したい任意の位置にマウスポインタを位置付け，マウスポインタが I の形となった位置でダブルクリックする。
　注：マウスポインタの形は，文書領域の位置により I≡　≡I などとなる。

2.2.3　文書の保存

作成した文書を保存します。

◆ 操作 2-6　名前を付けて保存の操作

① ［**ファイル**]タブをクリックし，表示された画面（図 2.4 参照）の左メニューから[**名前を付けて保存**]を選択しクリックする。

　注：新規作成した文書をはじめて保存する場合は，クイックアクセスツールバーから[**上書き保存**]ボタン 🖫 をクリックしても，名前を付けて保存と同じ動作となる。

② 右側に表示される ［**参照**]をクリックすると，［**名前を付けて保存**]ダイアログボックスが表示される。[**アドレスバー**]に保存したい場所を指定し，[**ファイル名**]の欄に付けたい名前を入力し，[**保存**]ボタンをクリックする。

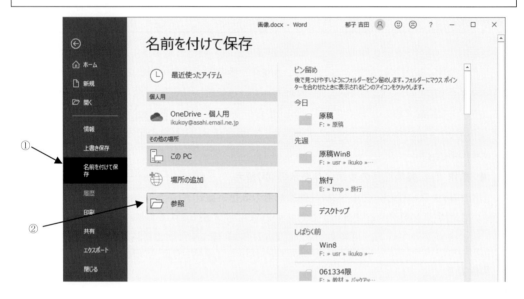

図 2.4　名前を付けて保存の操作

それでは，新しい文書を作成し，入力練習を行いましょう。

● 演習 2-1　文章の入力

Word を起動し，下記の文章を入力し，'演習 1'として保存せよ。

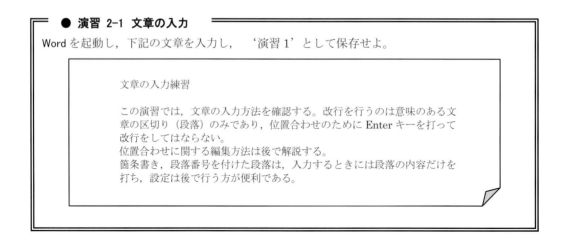

● 演習 2-2 文章の入力

Word を起動し，下記の文章を入力し，'演習 2' として保存せよ。

> 文書編集の手順について
> WORD における文書編集の手順について説明します。
> WORD では，すべての編集を，文書の作成途中でも，作成後でも行うことができます。まずは内容を入力し，その後で編集を行う方法をとる方が効率良く作業を進めることができます。ただ，ある程度の文書のイメージを固めるために，用紙のサイズや向き，文字方向などのページの概略設定はしておいた方がいいでしょう。あらかじめ，余白や文字数，行数などが決められているものについては最初の段階で行っておきます。
> 次に文字を入力します。このときには，配置や文字の大きさなどには全く気を使わずに，文書の内容に集中して入力していきます。ただし，少しレイアウトを考えながら，編集を加えつつ入力することも可能です。
> 内容の入力ができたら，今度は文字や段落の編集を行います。ここで思い通りの編集を行うことができるのです。編集した結果が気に入らなければ，何度でも変更することができます。次にイラストや図などを加えます。このレイアウトも自在に変更することができ，既に入力した文字との位置関係も簡単に変えることができます。
> 同様に表の作成も行うことができます。
> また，ここでページ数を抑えるためや，ページ配分を見て，再度ページ設定を見直す場合もあるでしょう。

2.3　文書の編集

　Word は多彩な編集機能を持っています。この機能を使用して文書を見栄えのよいものに変えていくことができます。編集機能には，文字単位の編集と段落単位の編集があります。何に対して編集するのかを意識して，編集の対象となる文字または段落を選択します。

　選択を行うにもさまざまな方法がありますので，いくつかを紹介しておきます。

◆ 操作 2-7 範囲選択の方法

◆ 任意の文字列を選択

・ マウスを使用する方法

　マウスポインタの形が I であることを確認し，文字列の上をマウスでドラッグする。

・ キーボードを使用する方法

　カーソルを選択したい文字列の前に位置づけ，Shift キーを押しながら ➡ キーを選択したい文字数分押す。

◆ 1 行の文字列を選択

　行の左側にマウスポインタを位置づけ，マウスポインタの形が ⬈ に変わったのを確認してクリックする。

◆ 複数行の文字列を選択

　1 行の選択と同じ要領で，行の左を先頭行から選択したい最後の行までドラッグする。

注：段落の選択にも使用できる。複数段落の選択には，段落記号を含んで選択すること。

◆ 1 段落の選択

　選択したい段落のどこかをクリックし，カーソルを位置づける。

注：離れた場所を選択するには，Ctrl キーを押しながらクリックやドラッグを行う。

2.3.1　段落書式の設定（配置の変更）

　まずは段落に対する編集を行います。段落の編集を行うには，編集対象となる段落を選択することから始めます。

　通常の設定では，入力した文字は左から順に埋められていき，1行に入りきらない時に次の行に移ります。右詰め，中央揃え，均等に割り付けるなどの段落の配置指定をすると，1行に満たない部分についての変更ができます。図2.5のように配置の変更を行う方法を説明します。

図 2.5　配置の変更例

◆ 操作 2-8 配置変更の操作

① 配置の変更を行いたい段落を選択する。

② ［ホーム］タブをクリックし，［段落］グループの該当ボタンをクリックする。

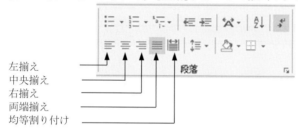

左揃え
中央揃え
右揃え
両端揃え
均等割り付け

クリックすると，選択されたボタンが水色となる。設定を解除するには，再度ボタンをクリックするか，別のボタンをクリックする。

2.3.2　文字書式の設定

　文字の大きさ，書体，色の変更や，太字，斜体，下線の指定をすることができます。この文字書式の設定も，［ホーム］タブを用いて行います。

(1) 文字の大きさの変更

　文字の大きさのことをフォントサイズといいます。フォントサイズの変更は，フォントサイズボックスを使用します。

◆ 操作 2-9 フォントサイズの変更（図2.6参照）

① フォントサイズを変更したい文字列を選択する。

② ［ホーム］タブをクリックし，［フォント］グループの ［フォントサイズ］ボックスの右側の
　　∨ をクリックし，表示されたサイズ一覧の中から指定したいサイズ（ポイント数）を選択
　　しクリックする。サイズにポイントすると，選択した文字がその大きさで表示されるので，
　　確認することができる。標準設定のサイズは10.5ポイント。

　注：指定したいサイズが一覧の中にない場合，ボックスの中にポイント数を表す数字を直接
　　　入力する。

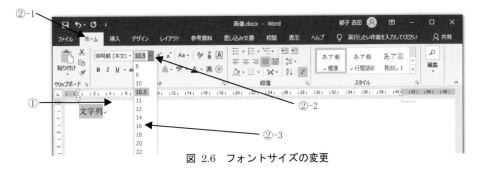

図 2.6　フォントサイズの変更

(2) 書体の変更

文字の書体のことをフォントといいます。フォントの変更は，フォントボックスを使用します。

◆ 操作 2-10　フォントの変更（図 2.7 参照）

① フォントを変更したい文字列を選択する。

② [ホーム]タブをクリックし，[フォント]グループの[フォント]ボックスの右側にある ☑ を
クリックし，表示されたフォント一覧の中から指定したいフォントを選択しクリックする。
フォントをポイントすると，選択した文字がそのフォントで表示されるので，確認すること
ができる。

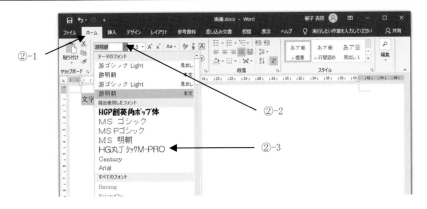

図 2.7　フォントの変更

(3) 太字，斜体，下線，囲み線，網かけの設定

文字の強調や，区別をするために太字，斜体，下線，囲み線，網かけの設定を行います。これら
の設定も，[ホーム]タブを使用します。

◆ 操作 2-11　文字の設定変更の操作

設定変更を行いたい文字を選択し，[ホーム]タブの[フォント]グループの該当ボタンをクリッ
クする。

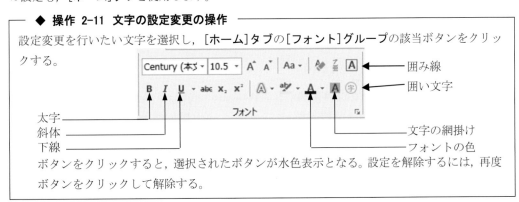

ボタンをクリックすると，選択されたボタンが水色表示となる。設定を解除するには，再度
ボタンをクリックして解除する。

---

(4) 文字の色の変更

　文字の色を変更するには，[ホーム]タブを使用します。

◆ 操作 2-12　文字の色の変更（図 2.8 参照）

① 色の変更を行いたい文字列を選択する。

② [ホーム]リボンの[フォント]グループの[フォントの色]ボタンの右側の下向き三角ボタン
　▼をクリックし，表示されたカラーパレットの中から指定したい色を選択しクリックする。
　色をポイントすると，選択した文字がその色で表示されるので，確認することができる。

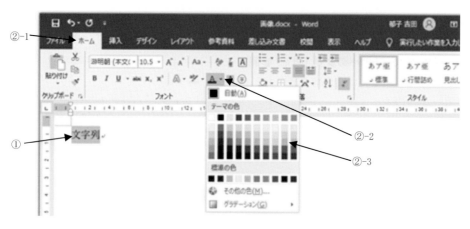

図 2.8　色の変更

(5) 文字の均等割り付け

　2.3.1 の段落書式の設定（配置の変更）で，段落の均等配置を指定すると 1 行内に均等にレイア
ウトされることを学習しました。文字列を選択した状態で，同じ操作を行うと，文字に対して均等
配置を指定できます。

◆ 操作 2-13　文字の均等割り付けの操作

① 均等割り付けを行いたい文字列を選択する。離れた場所にある複数の文字列を同じ幅に合わ
　せたいときには，Ctrl キーを押しながら離れた文字列をドラッグする。

　注：段落を構成する文字列をすべて選択するときにも，改行記号は選ばないこと。改行記号
　　　を選択すると，段落に対しての指示と解釈され，1 行内に均等にレイアウトされる。

② [ホーム]タブの[段落]グループの[均等割り付け]のボタン　をクリックする。

③ [文字の均等割り付け]ダイアログボックスが表示される（図 2.9 参照）。現在選択している
　文字数が表示され，その下に[新しい文字列の幅]として確保したいスペースを指定できる。
　ex. 3 文字を選択した状態で，6 字を指定すると，6 文字分のスペースに均等に配置される。

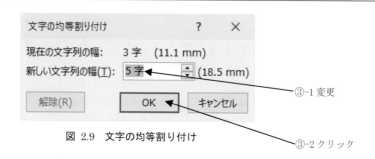

図 2.9　文字の均等割り付け

フォントグループに表示されていない書式を設定する場合には，グループ名の右横の**ダイアログボックス起動ツール** 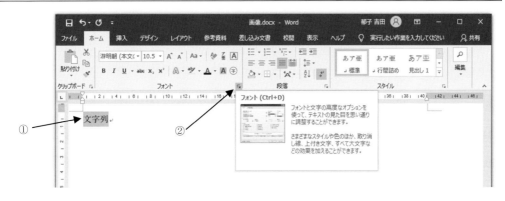 をクリックして[書式設定]ダイアログボックスを表示させ，より詳細な設定をすることができます。また，複数の設定を一度にしたい場合にも便利です。

◆ **操作 2-14　書式メニューを使用した設定**

① 書式を変更したい文字列を選択する。

② [ホーム]タブの[フォント]グループ名の右の ⬚ をクリックする（図 2.10 参照）。

③ [フォント]ダイアログボックスが表示される（図 2.11 参照）。[フォント]タブをクリックし，各種文字書式の設定を行い，[OK]ボタンを押す。

図 2.10　フォント書式設定の指示

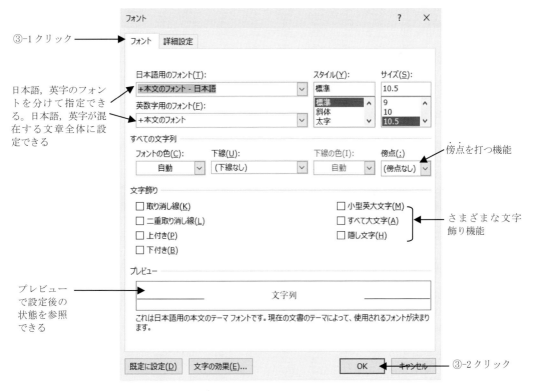

図 2.11　フォントの詳細設定

● 演習 2-3 配置の設定

演習 2-1 で保存した‘演習 1’を開き以下の編集した後，‘演習 3’と名前を付けて保存せよ。

　編集内容：1 行目のタイトル‘文章の入力練習’について

① 　段落を中央揃えとする。

② 　フォントを MS ゴシックとする。

③ 　フォントサイズを 14 ポイントとする。

④ 　太字とし，下線を引き，文字の色を赤に変える。

● 演習 2-4 配置の設定

演習 2-2 で保存した‘演習 2’を開き以下の編集した後，上書き保存せよ。

　編集内容：1 行目のタイトル‘文書編集の手順について’について

① 　段落を中央揃えとする。

② 　フォントを HG 丸ゴシック M-PRO とする。

③ 　フォントサイズを 18 ポイントとする。

④ 　太字とし，二重下線を引く。

2.3.3　インデントの設定

　段落の開始位置をインデントといいます。インデントを使うと，文字列の先頭位置や折り返し位置を調整するためにスペースを打ったり，改行して調整する必要はありません。インデントは，Word を使いこなす上で重要な役割をする機能です。しっかり理解しましょう。

　インデントの設定状況を確認するには，文書ウィンドウの上端にある水平ルーラー上のインデントマーカーを使用します。まずルーラーが表示されているかどうかを確認します。

◆ 操作 2-15 ルーラーの表示の切り替え（図 2.12 参照）

文書領域のすぐ上と左に，ルーラ（目盛）が表示されているかどうかを確認する。ルーラーが表示されていない場合には，以下の手順で表示させる。

① ［表示］タブをクリックし，［表示］グループの［ルーラー］をクリックし，チェックをつける。

　注：再度クリックするとチェックが外れ，ルーラーの表示が解除される。

図 2.12　ルーラーの確認と表示切り替え

　水平方向の目盛りが水平ルーラーです。ルーラーの目盛りの数字は，文字数を表します。余白の部分が灰色で，文字入力が可能な部分が白色で表示されており，ページ設定で指定した文字数分の数字が表示されています。ここで重要な意味を持つインデントマーカーについて解説しておきましょう。

┌─ ◇ **解説 2-4 インデントマーカーの役割** ─────────────────────────┐

水平ルーラーの白色表示の左端には 3 つのインデントマーカーがあり，通常の設定では 3 つが
団子状に重なって表示されている。右端には 1 つのマーカーがある。

① 左インデントマーカー：3 つのマーカーの一番下にある，四角のマーカー。
　選択された段落全体の開始位置を決めるマーカー。

② 1 行目のインデントマーカー：3 つのマーカーの一番上にある，下向き三角のマーカー。
　選択された段落全体の 1 行目だけの開始位置を決めるマーカー。

③ ぶら下げインデントマーカー：3 つのマーカーの真ん中にある，上向き三角のマーカー。
　選択された段落全体の 2 行目以降の開始位置を決めるマーカー。

④ 右インデントマーカー：選択された段落全体の折り返し位置を決めるマーカー。

└──┘

図 2.13 のようなサンプル文書の編集を考えてみましょう。

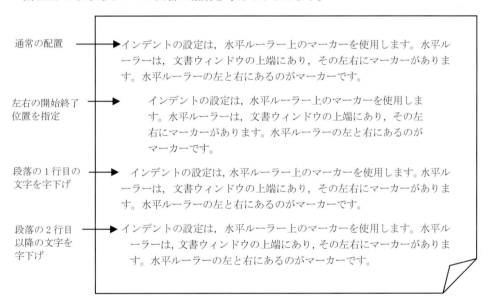

図 2.13　インデントの使用例

　通常の設定では，段落の開始，終了位置は，用紙の余白設定の位置となりますが，これを変更す
ることができます。

(1)　段落の開始終了位置の変更

┌─ ◆ **操作 2-16　開始・終了位置の変更の操作 1（マウスでドラッグ，目分量で変更）** ─┐

① 設定を行う段落を選択する。

② 左インデントマーカー 🔲 にマウスポインタの先端を位置づけ，[**左インデント**]と表示され
　るのを確認してドラッグし，開始位置を指定。左インデントマーカーを移動すると，1 行目
　のインデントマーカー，ぶら下げインデントマーカーもいっしょに動く。

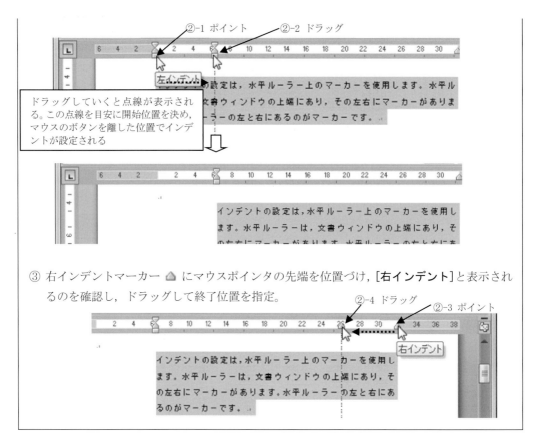

③ 右インデントマーカー △ にマウスポインタの先端を位置づけ，[**右インデント**]と表示されるのを確認し，ドラッグして終了位置を指定。

　段落ダイアログボックスを使用し，左インデント，右インデントの文字数等を指定することもできます。インデントの単位は，文字以外にもミリ単位，ポイント単位でも可能です。

◆ **操作 2-17 開始終了位置の変更の操作 2（文字数等で正確に変更）**

① 書式を変更したい段落を選択する。（複数段落を選択してもよい。）
② [**ホーム**]タブの[**段落**]グループ名の右の ⤡ をクリックする（図 2.14 参照）。
③ [**段落**]ダイアログボックスが表示される（図 2.15 参照）。
　　左インデントを指定するには，[**インデント**]の[**左**]に表示された文字数のボックスの上下の
　　▲▼ボタンをクリックするか，字下げ数を直接入力する。
　　右インデントを指定するには，[**インデント**]の[**右**]に表示された文字数のボックスの上下の
　　▲▼ボタンをクリックするか，字下げ数を直接入力する。
④ [OK]**ボタン**を押す。
　　注：設定により，**操作 2-16** で指定したのと同様に，左インデントマーカー，右インデントマーカーが指定文字数分ずれて表示される（図 2.16 参照）。

図 2.14　段落書式ダイアログボックスの表示指示

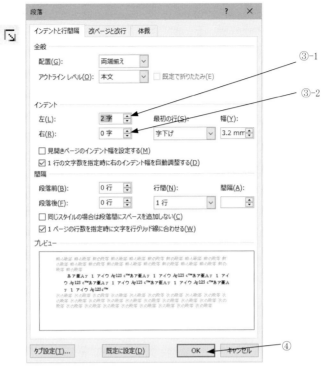

図 2.15　字下げインデントの指定

左インデントマーカー
が指定文字数分ずれる

右インデントマーカー
が指定文字数分ずれる

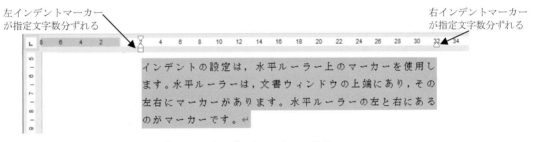

図 2.16　インデントマーカーの確認

(2)　段落の 1 行目の字下げ設定

　段落の先頭行の字下げは，1 行目のインデントマーカーを操作することで設定できますが，ここでは段落ダイアログボックスで指定する方法を解説します。この方法は，一度の操作で複数の段落を正確に 1 文字分ずらすことができて便利です。

◆ 操作 2-18　書式メニューを使用した 1 行目のインデント設定

① 書式を変更したい段落を選択する。（複数段落を選択してもよい。）

② ［ホーム］タブの［段落］グループ名の右の 🗔 をクリックする（図 2.14 参照）。

③ ［段落］ダイアログボックスが表示される（図 2.17 参照）。［インデント］の［最初の行］の右の ▽ をクリックし，［字下げ］を選択し，［幅］の指定をする。1 文字分下げたいときには「1字」と入力する。

④ ［OK］ボタンを押す。

　注：設定により，1 行目のインデントマーカー ▽ が 1 文字分右にずれて表示される（図 2.18参照）。直接このマーカーを移動してもよい。

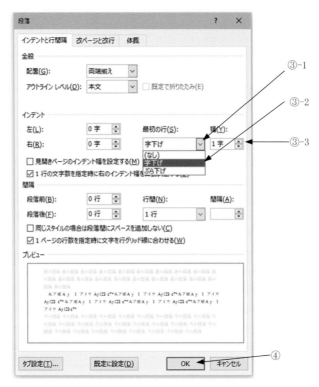

図 2.17　字下げインデントの指定

１行目のインデント
マーカーが１文字分
ずれる

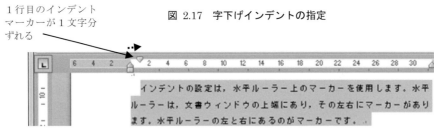

図 2.18　インデントマーカーの確認

　段落を入力した後にカーソルを位置付けて 1 文字分のスペースを打つことで設定することもできます。

(3)　段落の 2 行目以降の字下げ設定

　段落の先頭行を除いた 2 行目以降の行を字下げするには，ぶら下げインデントマーカーにマウスポインタを位置づけ，右へドラッグします。1 行目のインデント設定と同様に段落ダイアログボックスで[**ぶら下げ**]を指定することもできます。ぶら下げインデントは，主に，箇条書きの編集に使用されるので，2.3.5 で紹介するする箇条書きの設定を行うと，自動的に変更されます。

2.3.4　箇条書き

　項目を羅列する場合などに，箇条書きを使用するとわかりやすくまとめることができます。Word ではこの項目の羅列をリストと呼びます。行頭記号がついたものを箇条書き，番号がついたものを段落番号と呼び分けているようですが，ここでは，まとめて箇条書きと呼びます。

　番号や記号を付加して箇条書きの設定を行うことができます。箇条書きは，数字などを入力した

後に文字列を入力する方法と，段落の文字列を入力した後に書式として設定する方法の2つの設定方法があります。

　入力の際に番号などをつけた方が感覚的にはわかりやすいのですが，推奨するのは，段落書式として後で設定する方法です。操作が簡単で変更しやすいので，まずこちらから紹介します。

(1) 段落書式としての箇条書きを指定する方法

　番号や行頭文字をつけて箇条書きにしたい段落の内容のみを入力した後，その段落を選択して書式設定を行う方法です。

◆ 操作 2-19 段落番号の設定（図 2.19 参照）

① 段落番号をつけたい一連の段落をすべて選択する。

② [ホーム]タブの[段落]グループの[段落番号]ボタン をクリックする。

　注：同じボタンをもう一度クリックすると設定は解除される。

②' 段落番号の種類を変更したい場合には，[段落番号]ボタンの右の三角▼をクリックする。番号ライブラリが表示されるので，この中から形式を選択する。

　注：次に②を実行すると，②'で最後に選択した形式が適用される。

図 2.19　段落番号の設定

◆ 操作 2-20 箇条書きの設定

① 箇条書きとしたい一連の段落をすべて選択する。

② [ホーム]タブの[段落]グループの[箇条書き]ボタン をクリックする。

　注：同じボタンをもう一度クリックすると設定は解除される。また，記号の形状を指定したいときには[箇条書き]ボタンの右の▼をクリックする。行頭文字ライブラリが表示されるので，この中から形式を選択する。

◇ 解説 2-5 箇条書きのモード変更

段落を，普通の形状・段落番号付き・箇条書きに切り替えるには，[ホーム]タブの[段落]グループの各ボタンを使用する。設定を解除するには，同じボタンをクリックするが，段落番号付き，箇条書きの切り替えは，別のボタンをクリックするだけでよい（図2.20 参照）。

図 2.20　箇条書きのモード変更

(2)　箇条書きの入力方法

　数字や記号を打ちながら入力中に指定する方法を紹介しておきます。完成文書を意識すると，このほうが感覚的にはわかりやすいかもしれません。

　◆　**操作 2–21　文章の入力中に箇条書きを指定する方法**

◆　**段落番号のついた箇条書き**

① 箇条書き番号（ex.‘1’を半角で入力する）の後に，ピリオドを入力し，確定させた後，Space キーを打つ。この状態で，段落番号が始まる。スペースがタブ記号　→　となり，タブ記号の後にカーソルが表示されるので，文章を入力し確定する。

② Enter キーを押し改行する。

③ 改行されると同時に次の番号が表示される。この番号の後ろに文章を入力し確定する。

④ ③，④を繰り返す。

⑤　箇条書きを止めたいときは，文章を入力せずに Enter キーを2回続けて押す。

　注：箇条書きとして認識されるのは，番号の後ろに，ピリオド‘.’，ハイフン‘-’，閉じるかっこ‘)’，大なり記号‘>’などの約束された文字が入力された場合。

◆　**行頭文字のついた箇条書き**

① 特殊な記号を入力し確定させ，（ex.‘*’を半角で入力する），Space キーを1つ打つ。この状態で，箇条書きが始まる。‘*’は●に変わり，スペースがタブ記号となり，タブ記号の後にカーソルが表示されるので，文章を入力し確定する。

② Enter キーを押し改行する。

③ 改行されると同時に同じ記号が表示される。この記号の後ろに文章を入力し確定する。

④ ②，③を繰り返す。

⑤ 箇条書きを止めたいときは，文章を入力せずに Enter キーを2回続けて押す。

　注：　特殊な記号とは，以下の半角文字を指し，それぞれ変化して表示される。

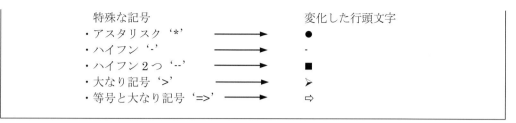

文章の入力中に自動的に体裁を整える機能を，入力オートフォーマットといいます。オートフォーマットには，他にも「記」と入力したとき，「以上」を自動的に表示する機能があります。演習の中で確認してみてください。

段落番号や行頭記号との隙間の調整は，ぶら下げインデントマーカーで調節できます。入力した箇条書き全体の開始位置を変えたいときは，左インデントマーカーを使用します。

(3) 箇条書きのネスト

今まで解説してきたのは，同じレベルの箇条書きを扱う時の操作です。一方，箇条書きの中に下位レベルの箇条書きがある，階層構造を持つ箇条書きを表現したい場合があります。

アウトラインの設定は 2.8.3 で扱いますが，ここでは，必要な都度，リスト階層に段落のスタイルを指定しながら入力する方法を紹介します。

◆ 操作 2-22 箇条書きのネスト（図 2.21 参照）

① 階層を持つ段落番号をつけたい段落の最初の項目を入力し，操作 2-19 の要領で段落番号を指定する。改行すると，①の段落の次の段落番号が表示される。

② 下位階層を指定したい段落にカーソルを位置づけ，[ホーム]タブの[段落]グループの ［インデントを増やす]ボタン ≡ をクリックする。

上位に戻るときには[インデントを減らす]ボタン ≡ でインデントレベルを調整する。

③ 表示される段落番号を，箇条書き，段落番号ボタンの右の▼を使用して変更する（操作 2-19，2-20 参照）。

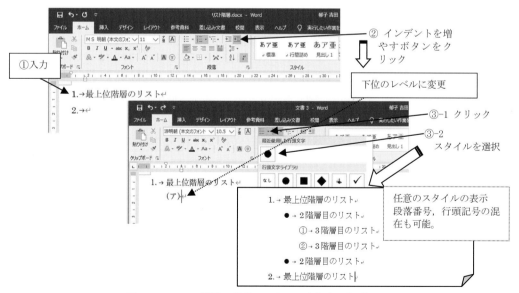

図 2.21 リスト階層に段落のスタイルを指定しながら入力

● 演習 2-5　文章の編集

演習 2-3 の'演習 3'に下記の編集を加え，'演習 4'として保存せよ。

平成 XX 年 XX 月 XX 日

文章の入力練習

　この演習では文章の入力方法を確認する。改行を行うのは意味のある文章の区切り（段落）のみであり，位置合わせのために Enter キーを打って改行をしてはならない。
　位置合わせに関する編集方法は後で解説する。
　箇条書き，段落番号を付けた段落は，入力するときには段落の内容だけを打ち，設定は後で行う方が便利である。

　　1.　項目 1
　　2.　項目 2
　　3.　項目 3

　上記の 3 項目を後で箇条書きにする。

2.3.5　タブの設定

　文章中で一定の位置に文字を揃えたいときに Tab キーを使用します。図 2.22 のように項目の右に，項目に対応する記述を羅列する場合，記述の先頭を揃えて記述します。揃えるためにスペースを入力することがありますが，使用するフォントが違う場合など，微妙に位置が変わってしまいます。Tab キーを使用すれば，あらかじめ設定された位置に自動的に揃えられます。

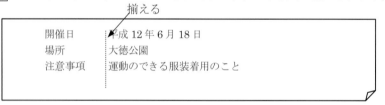

図 2.22　タブの設定例

◆ 操作 2-23　タブの設定と位置の変更（図 2.23 参照）

① 文書入力中に揃えたい文字の前にカーソルを位置づけ，キーボードの Tab キーを打つ。

　Tab キーとは，キーボードの Tab と書かれたキー。画面上では → と表示される。

注：→ が表示されない時には，操作 2-4 を参照し，表示させる。タブの位置は 4 文字ずつと決まっているので，次の場所に移したいときには，もう一度 Tab キーを打つ。

　タブ位置を任意の場所に移したいときには，カーソルをその段落に位置づけ，段落ダイアログボックスを表示し，[タブ設定]ボタンをクリックし，文字数を指定する。

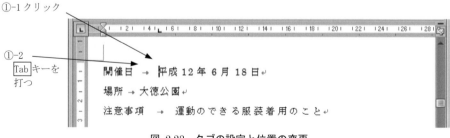

図 2.23　タブの設定と位置の変更

2.3.6 ページ設定

　紙を選ぶ感覚で，ページの大きさや縦書き横書きの設定などを行います。作成する書類の余白や行数，1行あたりの文字数がきちんと決まっている時や，縦書き，横書きなどの文書の基本的な形状については最初に設定しておくほうがよいでしょう。ただしこの設定は，文字を入力した後でも途中でも変更することができます。大まかな設定を入力前に行い，なるべく少数のページに収めるよう，細かな調整を編集後に行うのが一般的です。

　レイアウトリボンのページ設定グループの各コマンドを使用しますが，細かい設定はページ設定ダイアログボックスを表示して行います。

(1) 用紙の指定

　用紙のサイズ選択をします。これはレイアウトリボンのコマンドを使ってみましょう。

◆ **操作 2-24 用紙サイズの指定（図 2.24 参照）**

① ［レイアウト］タブをクリックする。

② ［ページ設定］グループの［サイズ］ボタンをクリックし，表示されたメニューから，選択したいサイズをクリックする。

図 2.24　用紙サイズの指定

　ほかにも印刷の向きなどは，レイアウトリボンのページ設定グループに用意されたボタンをクリックするだけで変更することができます。

(2) 余白の指定

　余白も，同様にボタンが準備されていますので，これを使用して設定を行います。

◆ **操作 2-25 余白の指定（図 2.25 参照）**

① ［レイアウト］タブをクリックする。

② ［ページ設定］グループの［余白］ボタンをクリックし，表示されたメニューから，選択したい余白をクリックする。

②' 選択したい設定が見つからない場合には，メニューの一番下の［ユーザー設定の余白］をクリックし，ページ設定ダイアログを表示させ，指定したい余白の大きさを，［上］［下］［左］［右］の欄にミリ単位で指定し，［OK］ボタンをクリックする。

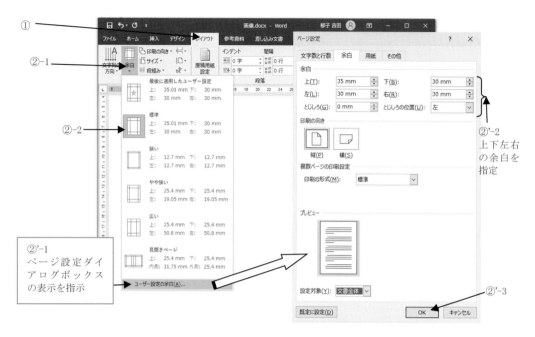

図 2.25　余白の指定

(3) 文字数と行数の指定

1ページあたりの行間隔や文字の間隔を決定することができます。

リボンの中に，該当するボタンが見当たらない場合には，ページ設定ダイアログボックスを表示させて設定を行います。

```
◆ 操作 2-26 ページ設定ダイアログボックスの表示
① [レイアウト]タブをクリックし，[ページ設定]のグループ名の右横のダイアログボックス起
  動ツール 🔲 をクリックする（図 2.26 参照）。
② [ページ設定]ダイアログボックスが表示される（図 2.27 参照）。
```

ページ設定ダイアログボックスは，[文字数と行数]，[余白]，[用紙]，[その他]の 4 つの区分に分かれています。設定を行うには，それぞれの区分名が書かれたタブをクリックし，設定項目を表示させます。ここでは，文字数と行数について説明します。

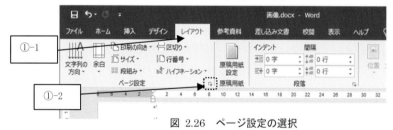

図 2.26　ページ設定の選択

```
◆ 操作 2-27 文字数と行数の指定（図 2.27 参照）
① [文字数と行数]タブをクリックする。
② 1 ページに入る文字数と行数を指定する場合は，[文字数と行数を指定する]をクリックする。
③ [文字数]と[行数]の欄が指定可能となるので，数字を入力する。
④ 他に設定項目がなければ[OK]ボタンをクリックする。
```

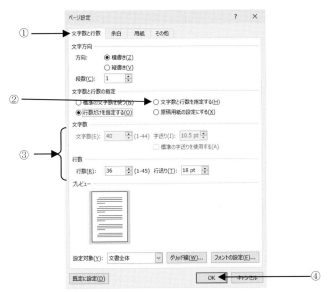

図 2.27　文字数と行数の指定

● 演習 2-6　文書の作成と編集

文書を新規に作成し，以下の内容を入力した後，編集を行い保存せよ。

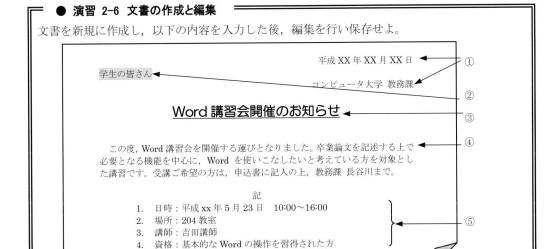

◆ **ページ設定**： A4 で縦向きとし，余白を上下左右 30mm，文字数を 38 文字，行数を 35 行に設定

◆ **編集内容**：

① 右揃え

② 文字の網かけ

③ 中央揃え，フォントサイズ 14 ポイント，フォント HG 丸ゴシック M-PRO，太字，下線

④ 段落の 1 行目の文字を 1 文字分字下げ

⑤ 4 つの段落を箇条書き，左インデントを 4 文字分字下げ

保存先　：　ドキュメントフォルダに保存，ファイル名を‘開催通知’とする。

2.4　文書の作成

2.4.1　一般的なビジネス文書の構成

　一般的なビジネス連絡文書の構成について説明します。細かいレイアウトは，取り決めや好みにより異なりますが，大まかな構成を知っておくことは大切です。

◇ 解説 2-6 ビジネス文書の構成

```
                                              ①文書番号
                                              ②発信日付

        ③宛て名
                                              ④発信者名

                    ⑤件名

        ⑥頭語        ⑦前文 1，⑧前文 2


                    ⑨主文


                    ⑩末文
                                              ⑪結語
                    ⑫記

                    ⑬箇条書き

                    ⑭付記
                                              ⑮以上
                    ⑯追伸
                                          ⑰担当者名，連絡先等
```

①　文書番号：　文書の管理のために通番を振る場合に記述。省略可能。右揃え。
②　発信日付：　作成日ではなく，発信する日付。右揃え。
③　宛て名　：　社外文書の場合には，会社名，役職名，氏名＋敬称 を正確に。左揃え。
　　　　　　　　社内文書の場合は，同じ所属同士のやり取りでは所属は書かない。

④ 発信者名： 社外文書の場合には，会社名，役職名，氏名を省略せずに。
　　　　　　　宛て名との役職のバランスも考える。右揃え。
　　　　　　　社内文書の場合は，同じ所属同士のやり取りでは所属は書かない。

⑤ 件名　　　： 文書の趣旨がわかる内容。社外文書の場合は丁寧な表現。

⑥ 頭語　　　： 社外文書の場合のみ記述。書き出しに，「拝啓」などの頭語を使用。
　　　　　　　字下げせずに左端に揃える。

⑦ 前文1　　： 社外文書の場合のみ記述。頭語の後に全角1文字を空けて，時候のあいさつと
　　　　　　　相手の繁栄を喜ぶ言葉を入れる。

⑧ 前文2　　： 社外文書の場合のみ，必要に応じて記述。⑦の後に「平素は〜」等で始まる感
　　　　　　　謝のあいさつを書く。（⑦と段落を分けて書いてもよい）

　注：⑦，⑧のあいさつ文は，Word の機能を使用して挿入することもできる。

[挿入]タブをクリックし，[テキスト]グル
ープの[あいさつ文]ボタンをクリックし，
表示されたメニューから[あいさつ文の挿
入]をクリックして，表示されたダイアログ
ボックスから選択する。
　（[あいさつ文]ボタンをクリックして表示
される同じメニューから，[起こし言葉]，
[結び言葉]の挿入もできる。）

⑨ 主文　　　： 要件の主旨を要領よく記述。改行，全角1文字の字下げをする。
　　　　　　　社外文書の場合には，前文から話を変える「さて〜」のような接続詞を使う。

⑩ 末文　　　： 社外文書の場合のみ記述。主文が終わった後の締めくくり。改行，全角1文字
　　　　　　　の字下げ後「〜お願い申し上げます」のように。

　注：⑫〜⑮までを記書きという。

⑪ 結語　　　： 社外文書の場合のみ記述。頭語に対応する「敬具」のような結語を使用。
　　　　　　　改行，右揃えで書く。

⑫ 記　　　　： 記書きの始まりを表す。中央揃えで書く。

⑬ 箇条書き　： 記書きの内容。日時，場所，連絡事項など具体的な内容を羅列する。
　　　　　　　「である」体で記述。バランスよく主文より字下げする。

⑭ 付記　　　： 文書に添付する資料がある時は「添付資料」として箇条書きで資料名を書く。

⑮ 以上　　　： 記書きの終了を表す。右揃え。

　注：⑫〜⑮までを記書きという。

⑯ その他　　： 本題とは関係のない事柄は，「追伸」として「以上」と「担当者」の間に記述

⑰ 担当者名　： 担当者と発信者名が別人のとき，連絡先や問い合わせ先として
　　　　　　　担当者の部門名，氏名，電話番号，電子メールアドレス等を記入。

　社外文書は儀礼的な表現が必要な場合が多く，社内文書の場合は，儀礼的な表現を極力省き，簡潔にまとめることが要求されます。

2.5　表と罫線

2.5.1　表の作成

表の作成は，[標準]ツールバーの[表の挿入]ボタンを使用します。

◆　操作 2-28　表の作成

① 表を挿入したい位置にカーソルを位置づける（図2.28参照）。

② [挿入]タブをクリックし，[表]グループの[表]ボタンをクリックする。ボタンのすぐ下に格子状の表が表示される。自分の作成したい表の行×列分をドラッグする。

たとえば，下のように3行×2列の表を作成するには，3行×2列分をドラッグする。

注：8行×10列までは，ドラッグできる。

②' 8行×10列以上の表の場合は，メニューから[表の挿入]を選択し，表示される[表の挿入]ダイアログボックスに，行数，列数を入力し，[OK]ボタンをクリックする（図2.29参照）。

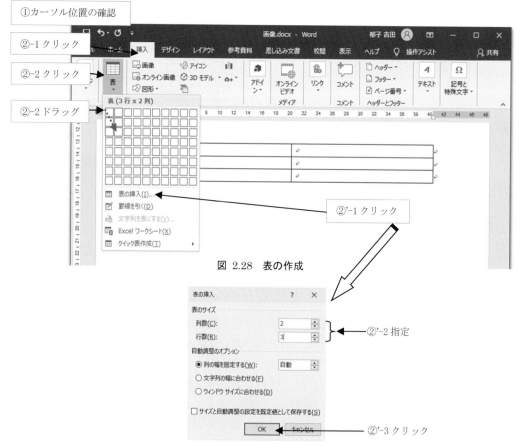

図 2.28　表の作成

図 2.29　表の挿入ダイアログボックス

2.5.2　表の構成

◇ 解説 2-7　表の構成

① 行　　…横方向のセルの並び

② 列　　…縦方向のセルの並び

③ セル　…該当セルをクリックし，カーソルを表示させてから，文字の入力を行う。

④ セル区切り記号 …セル内のデータの末尾に表示される区切り記号

⑤ 行区切り記号　　…行の末尾に表示される区切り記号

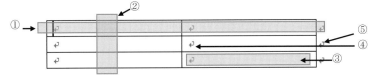

2.5.3　文字の入力

◆ 操作 2-29　表中の文字入力方法

① 入力したいセルをマウスでクリックする。別のセルにカーソルを移動するには，目的のセルをマウスでクリックするか，キーボードの　→←↑↓　及び　Tab　キーを使用する。

② 本文と同じように文字入力を行う。

表の構成と操作方法 ↵	↵	↵
↵	↵	↵
↵	↵	↵

表の構成と操作方法について考える ↵	↵	↵
↵	↵	↵
↵	↵	↵

注：セルの幅よりも長い文字列を入力すると，セル内で改行され，自動的に列の高さが広げられる。

2.5.4　表の範囲選択

　文字や図形の編集を行う場合，編集の対象を必ず選択する必要がありましたが，表の編集を行う場合も同様です。表中の文字を選択する場合は，本文の場合と同じようにドラッグします。ここでは表独特の構成要素である列，行，セルの選択について説明します。

◆ 操作 2-30　表の範囲選択

① 表全体の選択

　　選択したい表の上にマウスポインタを位置づけると，表の左上に表の移動ハンドルが，右下に表のサイズ変更ハンドルが表示される。マウスポインタを表の移動ハンドル ⊞ にあわせ，形が 🔀 に変わった所でクリックする。

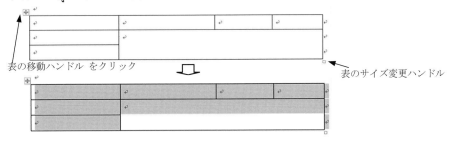

② 列の選択

選択したい列の上の境界にマウスポインタを位置づけ，ポインタが下向きの黒い矢印 ↓ に変わった所でクリックする。複数列を選択する場合は，左右にドラッグする。

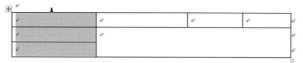

③ 行の選択

選択したい行の左にマウスポインタを位置づけ，ポインタが右上向きの白い矢印 ◢ に変わった所でクリックする。複数行を選択する場合は，クリックしたまま上下にドラッグする。

④ セルの選択

選択したいセル内の左下角のあたりをポイントし，マウスポインタが右上向きの黒い矢印 ➚ に変わった所でクリックする。複数セルを選択する場合は，ドラッグする。

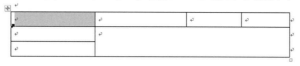

2.5.5　セルの結合と分割

セルに罫線を追加，削除する方法を解説します。図2.30の例を考えてみましょう。

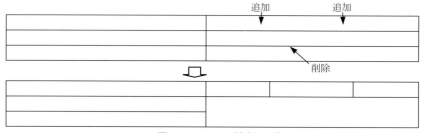

図 2.30　セルの結合と分割

　作成した表に線を追加／削除して表の構成を変えたい場合には，マウスをドラッグして線を追加，消去する方法と，セルの分割と結合を指示する2つの方法がありますが，ここではセルの分割，結合を指示する方法を解説します。

◆ 操作 2-31　表中の罫線の追加（セル分割）（図2.31参照）

① 分割したいセルをクリックし，選択する。

② リボンに**表ツール**が追加表示される。この[**レイアウト**]タブの[**結合**]グループの[**セルの分割**]ボタンクリックする。

③ 表示される[**セルの分割**]ダイアログボックスが表示されるので，分割する列数と行数を指定し（例では行数を3に変更），[**OK**]ボタンをクリックする。

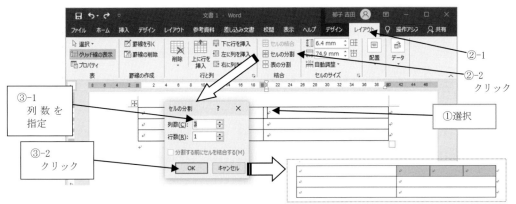

図 2.31　表中の罫線の追加（セルの分割）

◆ **操作 2-32　表中の罫線の追加と削除（セル結合）（図 2.32 参照）**

① 結合したいセル（複数）を選択する。

② リボンに追加表示された**表ツール**の［**レイアウト**］**タブ**の［**結合**］グループの［**セルの結合**］ボ **タン**クリックする。

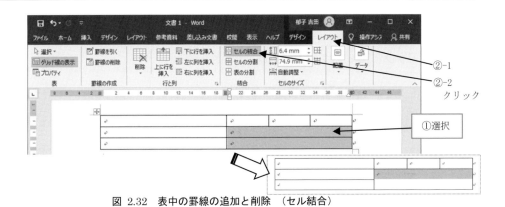

図 2.32　表中の罫線の追加と削除　（セル結合）

2.5.6　列幅の変更

　作成した表の列幅や高さの変更も，マウスを使用して行うことができます。

◆ **操作 2-33　列幅の変更**

① 幅の変更を行いたいセルの境界線上にマウスポインタを位置づけ，マウスポインタが ↔ の 形になるのを確認する。

② ↔ の形のマウスポインタを左右にドラッグし，希望する列幅に調整する。

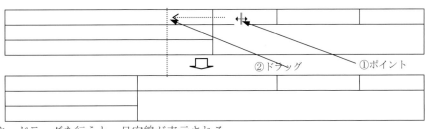

注：ドラッグを行うと，目安線が表示される。

● 演習 2-7　表作成

加工内容：文書を新規作成し，以下の表を作成した後，保存せよ。

編集内容：

- ・6×6 の表を作成する。
- ・1 行目の 2 列，3 列の区切り罫線と 4 列，5 列の区切り罫線を削除する。
- ・1 列目と 6 列目の 1 行，2 行の区切り罫線を削除する。
- ・1 行 1 列目の結合したセルに斜め罫線を引く。
- ・一列目の列幅を 15mm ほどに狭める。
- ・下図のように見出し項目を入力する。

	男		女		備考
	身長	体重	身長	体重	
1 年					
2 年					
3 年					
4 年					

保存先：ドキュメントフォルダのダ中。ファイル名を‘表作成の練習’とする。

2.5.7　行・列の追加と削除

　行，列の追加や削除は，対象となる行や列を選択します。表のどこかが選択されると，**表ツール**の[**デザイン**]タブと[**レイアウト**]タブが追加表示されます。

◆ 操作 2-34　行・列の挿入（図 2.33 参照）

① 挿入したいセル又は行，列を選択する。

② [**レイアウト**]タブをクリックし，[**行と列**]グループの該当する各ボタンをクリックする。

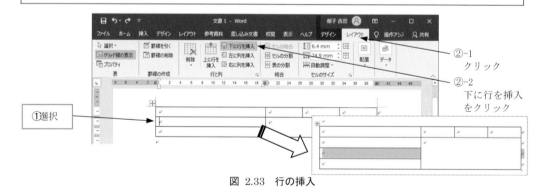

②-1
クリック

②-2
下に行を挿入
をクリック

①選択

図 2.33　行の挿入

◆ 操作 2-35　行・列の削除（図 2.34 参照）

① 削除したいセル又は行，列を選択する。

② [**レイアウト**]タブの[**行と列**]グループの[**削除**]ボタンをクリックし，表示されたメニューから削除したい個所（この場合は[**列の削除**]）をクリックする。

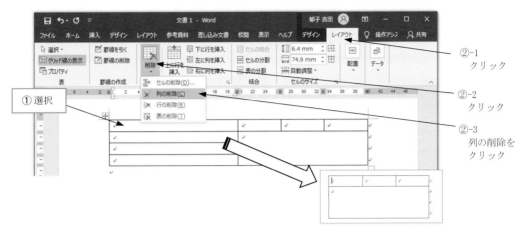

図 2.34　列の削除

2.5.8　表の編集

　表の編集には，罫線独特の機能を使用するものと，文書編集機能を使用するものがあります。

(1)　網かけの設定

　表のセル単位に網かけの設定ができます。

◆ 操作 2-36　セルの網かけの設定（図 2.35 参照）

① 選択したいセルまたは行，列を選択する。

② [デザイン]リボンの[表のスタイル]グループの[塗りつぶしの色]ボタンの下向き三角▼ボタンをクリックし，表示されたカラーパレットから色を選択する。

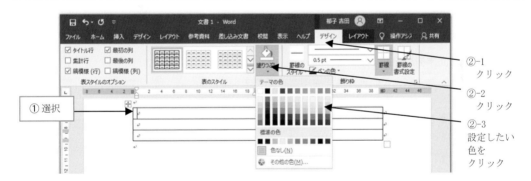

図 2.35　網かけの設定

● 演習 2-8　表の網かけ

演習 2-14 で作成した '表作成の練習' の表に網かけをし，上書き保存せよ。

　加工内容：2，3，4，5 列目のタイトル部分に自分の好きな色の網かけを行え。

	男		女		備考
	身長	体重	身長	体重	
1 年					
2 年					
3 年					
4 年					

(2) 罫線を非表示にする

　罫線の削除機能は，罫線を削除すると同時に罫線で仕切られていたセルを結合するものでした。セルを結合せずに区切線だけが不要な場合は，[罫線]ツールバーを使用して線を非表示にします。

◆ 操作 2-37　罫線の表示／非表示（図 2.36 参照）

① 選択したいセルまたは行，列を選択する。

② [デザイン]タブの[飾り枠]グループの[罫線]ボタンの下向き三角▼ボタンをクリックし，表示された罫線のパターンから線を非表示にしたい部分のボタンをクリックする。

注：あるセルの上の線を消したい場合，該当セルを選択し，上罫線をクリックする。同じ手順でもう一度同じボタンをクリックすれば，線が引かれる。

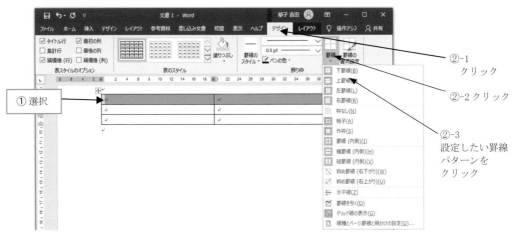

図 2.36　罫線の表示／非表示

(3) セル中の文字列の配置

　セルに入力した文字列の配置を変更することができます。

◆ 操作 2-38　表中の文字列の配置変更

① 選択したいセルまたは行，列を選択する。

② [レイアウト]タブの[配置]グループの各レイアウト指定ボタンをクリックする。

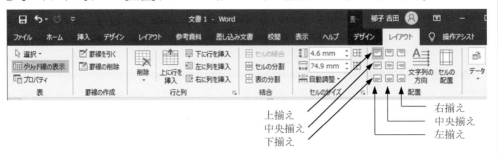

(4) セル中の文字列の書式

セルに入力した文字列の書式変更は，本文と同様に扱います。

◆ 操作 2-39 表中の文字列の書式設定

① 選択したいセルまたは行，列を選択する。

　セル内の文字列は，セル区切り記号までが 1 段落として扱われる。また，セル内の文字をドラッグし，文字単位の選択も可。

② [ホーム]タブの各種編集ボタンを使用し，本文中の段落と同様の編集を行う

---

(5) 表全体の配置変更

表全体を自由な位置に配置することが可能です。

◆ 操作 2-40 表全体の配置設定

① 選択したい表全体を選択する（操作 2-30 の①参照）。

② マウスポインタを表の移動ハンドル ⊞ にあわせ，形が に変わったところで移動したい位置までドラッグする。

　しかし，周辺の段落との位置関係が崩れることが多いため，表の大きさの変更をした後，インデント等の指定での開始位置を調整する方が確実です。

(6) 表全体の大きさの変更

図形と同様に，表全体を自由な大きさに変更することが可能です。

◆ 操作 2-41 表全体の大きさの変更（図 2.37 参照）

① 選択したい表の上にマウスポインタを位置づけると，表右下に表のサイズ変更ハンドルが表示される（操作 2-30 の①参照）。

② マウスポインタを表のサイズ変更ハンドル □ にあわせ，形が に変わったところで，ドラッグしてサイズを変更する。

ドラッグし始めると，マウスポインタの形は＋ となる。

ドラッグ

図 2.37　表のサイズ変更

● 演習 2-9 表の体裁

演習 2-15 で加工した‘表作成の練習’の表を加工し，上書き保存せよ。

　加工内容：2, 3, 4, 5, 6 列目のタイトル部分の文字列を中央揃えとする。表全体を中央揃えとする。

	男		女		備考
	身長	体重	身長	体重	
1 年					
2 年					
3 年					
4 年					

● 演習 2-10　表の作成

演習 2-16 で加工した'表作成の練習'の表の下数行の間隔をあけ，以下の表を追加し，上書き保存せよ。

・行，列の最大数を確保して表を作成し，不要なセルを結合して削っていく方式で，以下の表を作成せよ(基本の表は 3 行 4 列)。

学籍番号		氏名	
長所		短所	
趣味			

・行，列の最小数を確保して表を作成し，一部のセルを分割（または罫線を追加）して追加していく方式で，以下の表を作成せよ(基本の表は 3 行 2 列)。

学籍番号		氏名	
長所			
短所			

● 演習 2-11　表の作成

以下の議事録ワークシートを作成せよ。

議　事　録

会 議 名				
日　時		場　所		
出 席 者				
議　事				
備　考				

2.6 図形と特殊効果文字

Word には，図形描画や特殊効果文字を作成する機能があります。

2.6.1 図形を描く

さまざまな図形を追加することで，見やすく説得力のある文書を作成することができます。

(1) 図や画像を挿入

文書に図形や画像などを追加していくには[挿入]タブを使用します。

◆ **操作 2-42 図や画像挿入のコマンド操作**

① [挿入]タブをクリックし，[図]グループの各ボタンを操作する。

---

(2) 図形の描画

図形を描くには，図形ボタンを使用し，表示された図形を選択し，描画します。作成した図形は，編集機能を使用して大きさや位置などを後で変更することができます。

◆ **操作 2-43 描画オブジェクトの作成**

① [挿入]タブの[図]グループの[図形]ボタンをクリックする（図2.38参照）。

② 挿入する図形のメニューが表示されるので，クリックして選択する。

例：四角形を選択

③ ✛ の形のマウスポインタを，絵を描きたい場所に位置づけドラッグする（図2.39参照）。

注： Shift キーを押しながらドラッグをすると，円や四角形は正円，正方形となる。

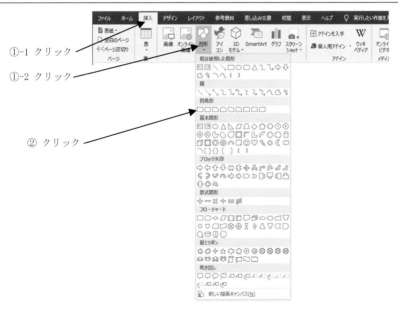

図 2.38 図形描画（四角形）

図 2.39　図形描画（四角形）

◇ **解説 2-8　描画オブジェクトの表示内容**

描画した図形には以下のようなハンドルが表示される。また，図形が選択されているときには，リボンに**描画ツール**の**[書式]タブ**が追加表示される。

この表示は図形が選択されていることを表している。選択を解除するには別の場所をクリックする。もう一度図形を選択するには，選択したい図形の上（線のみの図形は線の上）をクリックする。

① **サイズ変更ハンドル**…選択されている図形を囲むようについている白い丸。
② **回転ハンドル**…選択されている図形の上部にアンテナのように出ているつまみ。
③ **レイアウトオプション**…選択されている図形の右上に表示されているボタン。

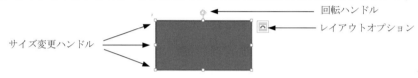

リボンに追加表示される，**描画ツール**の**[書式]タブ**。タブをクリックし，さまざまな書式を設定する。

---

(3)　図形の編集

　作成した描画オブジェクトは，移動，サイズの変更，塗りつぶしの色や線の色の変更などを行うことができます。これから，描画オブジェクトの移動，サイズや色の変更，立体的な見栄えにする3D加工などについて説明します。

(a)　図形描画オブジェクトの移動

◆ **操作 2-44　描画オブジェクトの移動（図 2.40 参照）**

① 移動を行いたい描画オブジェクトの上でクリックし選択する。
② サイズ変更ハンドルが表示されていることを確認し，選択した図形の上にマウスポインタを位置づけ，マウスポインタの形が ✛ となるのを確認し，移動したい場所までドラッグし，手を離す。

図 2.40　描画オブジェクトの移動

(b) 図形描画オブジェクトのサイズ変更

◆ 操作 2-45　描画オブジェクトのサイズ変更（図 2.41 参照）

① サイズの変更を行いたい描画オブジェクトの上でクリックし選択する。

② サイズ変更ハンドルの上にマウスポインタを位置づけ，マウスポインタの形がサイズ変更ハンドルの位置によって ↔ ↕ ↖ ↗ となるのを確認する。

　　左右に拡大／縮小　　　… マウスポインタの形を ↔ の状態にしてドラッグする。

　　上下に拡大／縮小　　　… マウスポインタの形を ↕ の状態にしてドラッグする。

　　上下左右に拡大／縮小　… マウスポインタの形を ↖ または ↕ の状態にしてドラッグし，手を離す。

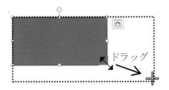

ドラッグし始めると，
マウスポインタの形は
＋ となる。

図 2.41　描画オブジェクトのサイズ変更

(c) 図形オブジェクトのスタイルの変更

登録されているクイックスタイルを使用して，描画スタイルを簡単に変更することができます。

◆ 操作 2-46　描画オブジェクトの色の変更（図 2.42 参照）

① スタイルを変更したい描画オブジェクト上でクリックし選択する。

② 図が選択されると，リボンに**描画ツール**の[**書式**]タブが追加表示されるので，クリックする。

③ [**図形のスタイル**]グループのクイックスタイルが表示されている右の ∨ をクリックし，表示された中から選択する。

　注：選択したいクイックスタイルにマウスをポイントすると，オブジェクトはそのスタイルに変わり，設定前に確認することができる。

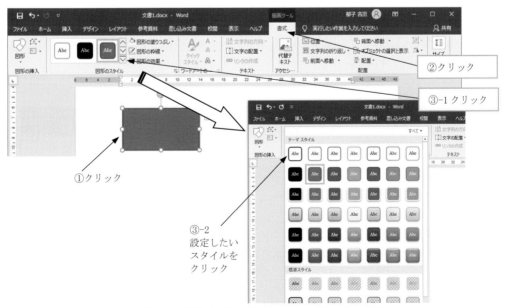

図 2.42　描画オブジェクトの塗りつぶしの色の変更

クイックスタイルに手を加え，細かい書式を設定することができます。

(d)　図形描画オブジェクトの色の変更

> ### ◆ 操作 2-47　描画オブジェクトの色の変更 (図 2.43 参照)
>
> ① 色を変更したい描画オブジェクト上でクリックし選択する。
> ② 図が選択されると，リボンに描画ツールの[書式]タブが追加表示されるので，クリックする。
> ③ [図形のスタイル]グループの[図形の塗りつぶし]ボタンをクリックし，表示されたカラーパ
>   レットから選択する。
>   注：選択したい色にマウスをポイントすると，オブジェクトはその色に変わり，設定前に確
>   認することができる。

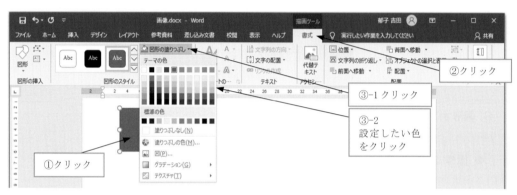

図 2.43　描画オブジェクトの塗りつぶしの色の変更

(e)　図形描画オブジェクトの枠線

作成した描画の枠線を指定することができます。

> ### ◆ 操作 2-48　描画オブジェクトの枠線の変更 (図 2.44 参照)
>
> ① 枠線を変更したい描画オブジェクト上でクリックし，選択する。
> ② 図が選択されるとリボンに描画ツールの[書式]タブが追加表示されるので，クリックする。
> ③ [図形のスタイル]グループの[図形の枠線]ボタンをクリックし，パレットから選択する。
>   注：選択したい色にマウスをポイントすると，設定前に色を確認できる。

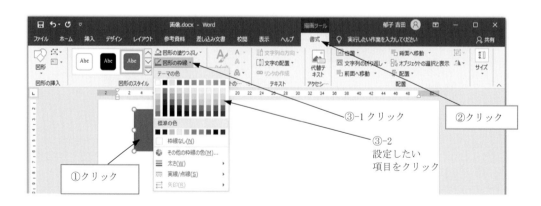

図 2.44　描画オブジェクトの枠線の変更

(f) 図形描画オブジェクトに影や3D効果をつける

作成した描画オブジェクトに影や3D効果を設定することができます。

◆ 操作 2-49 影や3D効果の設定

① 影効果をつけたい描画オブジェクト上でクリックし，選択する。

② 図が選択されると，リボンに描画ツールの[書式]タブが追加表示されるので，クリックする。

③ [図形のスタイル]グループの[図形の効果]ボタンをクリックし，[影]や[3D回転]ボタンをクリックし，表示されたパレットから選択する。

● 演習 2-12 図形の描画

新規に文書を作成し，図形を描画した後，保存せよ。

描画内容： 正方形と円を描け。（サイズ ：高さ，幅を30mmとする。）

・円の塗りつぶし，枠線の色をともに赤系統とし，3D回転の透視投影のスタイルのどれかを設定。

・正方形を黄色に塗り枠線なしとし，影スタイルのどれかを設定。

保存先 ：ドキュメントフォルダの中にファイル名を'演習13'として保存。

(g) 図形描画オブジェクトの重なり順序の設定

複数の描画オブジェクトを重ねて1つの図を表現したり，描画オブジェクトに文字を重ねたりする場合，オブジェクトを重ねる順序を指定する必要があります。このときに[書式]タブの[配置]グループの各ボタンを使用します。図形の調整には，図形を回転，整列させる機能等もあり，図形の編集作業に有効です。

◆ 操作 2-50 図形の重なりの順序の変更（図2.45参照）

ex. 2つの図形を描いた場合，先に書いた図形を前面に移動する必要がある場合

① 重なりの順序の変更を行いたい描画オブジェクト上でクリックし選択する。

ex.四角形を選択

② 図が選択されると，[描画ツール]の[書式]タブが追加表示されるのでクリックする。

③ [配置]グループの[前面へ移動]，[背面へ移動]の右の下向き三角▼をクリックし，表示された中から選択する。

ex. 四角形を[最前面へ移動]

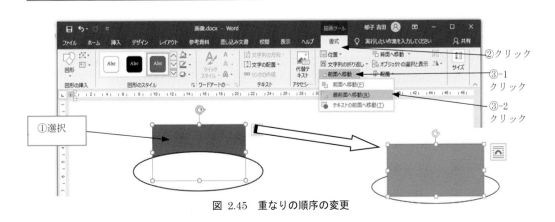

図 2.45　重なりの順序の変更

文字との位置関係を指定するには，以下の作業を行います。

◆　操作 2-51　文字と図形の重なりの順序の変更（図 2.46 参照）

ex. 文字の上に図形を描いた場合，図形を文字の背面に位置付ける必要がある場合

① 重なりの順序の変更を行いたい描画オブジェクト上でクリックし選択する。

ex.四角形を選択

② ［描画ツール］の［書式］タブをクリックし，［配置］グループの［文背面へ移動］をクリック，表示されたメニューの［テキストの背面へ移動］をクリックする。

注：［配置］グループの［文字列の折り返し］の中の［背面］をクリックしてもよい。

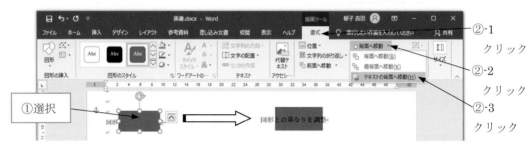

図 2.46　重なりの順序の変更

（h）　グループ化

複数の図形を組み合わせて図形を作成した場合，移動やサイズ変更のときなどに，複数の図形を同時に選択することが必要となります。選択方法を 2 つ紹介します。

◆　操作 2-52　描画オブジェクトの複数選択

◆　マウスでクリックする方法

1 つの図形をクリックし選択する。次に選択したい図形を Shift キーを押しながら順にクリックしていく。

◆　オブジェクトの選択ボタンを使用する方法（図 2.47 参照）

① ［ホーム］タブをクリックし，右端の［編集］グループの［選択］ボタンをクリックして表示される［オブジェクトの選択］をクリックする。

② 選択したい図形がすべて含まれるようにマウスで対角線状にドラッグする。マウスの形状は ↘ となり，ドラッグしだすと，その範囲がグレーに表示される。

注：解除する時も同様の手順を踏む。

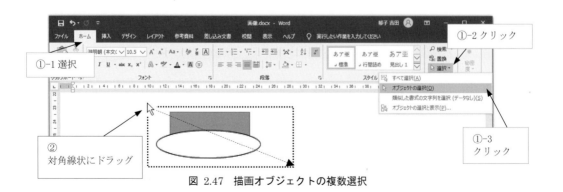

図 2.47　描画オブジェクトの複数選択

◆ 操作 2-53 グループ化 (図 2.48 参照)

① グループ化を行いたい複数の描画オブジェクトを, 操作 2-52 の方法で選択する。

② 図が選択されると, リボンに**描画ツール**の[**書式**]タブが追加表示されるので, クリックする。

③ [**配置**]グループの[**グループ化**]ボタンをクリックし, 表示されたメニューから[**グループ化**]を選択する。

　注：グループ化の解除は, 図形を選択した後, ②と同様に[**グループ化**]ボタンをクリックし, 表示されたメニューの中の[**グループ解除**]をクリックする。

図 2.48　グループ化

● 演習 2-13 組み合せ図形の描画, グループ化, コピー

文書を新しく作成し, 家を描く。'演習 9'として名前を付けて保存せよ。

　加工内容：

　　・図形を組み合わせて, 家を描く。

　　・それぞれの部品を塗り分ける。

　　・1 つの家ができたら, それをグループ化する。

　　・グループ化した家を複数コピーし, 大きさを変化させる。

　　・1 つの家のグループを解除し, 窓の位置を変える。

　ヒント：ドアの部分はフローチャートの論理ゲート積を使用し, 左に90°回転させる。

2.6.2　テキストボックス

　テキストボックスとは, 文字を入力することができる四角形です。図形と組み合わせれば, 文字の書かれた図形も作成できます。[**テキスト**]**グループ**を利用する方法もありますが, 今回は, [**図**]**グループ**から呼び出す方法を紹介します。作成や編集の操作は四角形と同じですが, テキストボックス中の文字列は本文の文字列と同じ扱いをします。

◆ 操作 2-54 テキストボックスの作成 (図 2.49 参照)

① [**挿入**]タブの[**図**]グループの[**図形**]ボタンをクリックする。

② 表示されたパレットの[**基本図形**]の[**テキストボックス**](縦書き, 横書き)をクリックする。

③ 図形描画と同様に の形になったマウスポインタを, 描きたい場所に位置づけドラッグする。

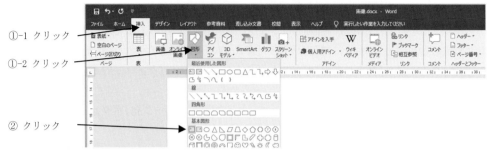

図 2.49　テキストボックスの作成

　テキストボックスの枠の内側をクリックし，カーソルが表示されたら文字の入力ができます。文字を選択すれば，文字の編集が可能です。サイズ変更ハンドルが表示された状態では，図形と同様の編集ができます。

　図形と組み合わせて文字を表示する時に，テキストボックスの四角形の輪郭が邪魔な場合があります。この場合は，［図解の枠線］で［線なし］を，［図形の塗りつぶし］で［塗りつぶしなし］を選択して輪郭線を消します（操作 2-47，2-48 を参照）。

● 演習 2-14　テキストボックス

演習 2-14 の家の屋根に名前を表示追加し，上書き保存せよ。

　加工内容：

　　・テキストボックスを作成し，名前を入力する。

　　・枠線なし，塗りつぶしなしとし，屋根に重ねる。

2.6.3　特殊効果文字

　ワードアートという特殊効果文字を作成するための道具が用意されています。

◆ 操作 2-55　特殊効果文字の作成

① ［挿入］タブをクリックし，［テキスト］グループの［ワードアート］ボタンをクリックする。

② スタイルの一覧が表示される。この中から希望のスタイルをクリックする（図 2.50 参照）。
　　「ここに文字を入力」と書かれたボックスが表示されるので，書きたい文字を入力し変更する（図 2.51 参照）。

図 2.50　ワードアートの起動

図 2.51　ワードアートテキストの編集画面

◆ **操作 2-56　文字サイズの変更**

① 変更したい文字列をドラッグし，選択する。

② [ホーム]タブをクリックし，フォントグループから指定したいフォントサイズ，フォントを選択する。または，ミニツールバーを使用する。

　注：枠の大きさを変更してもフォントサイズは変わらない。

◆ **操作 2-57　ワードアートの移動**

① 作成した絵文字をクリックし，選択する（サイズ変更ハンドルが表示される）。

② 絵文字のボックスの境界上にマウスポインタを位置づけ，マウスポインタの形が ✥ となるのを確認し，移動したい場所までドラッグする（図形の編集と同様。操作 2-43 参照）。

　注：文字との位置関係は，ワードアート作成時は，[前面]の設定となっている。この設定を変更するには，右上に表示される[レイアウトオプション]の[文字列折り返し]グループの他の設定に変更する。

◆ **操作 2-58　ワードアートのスタイル変更**

① 作成した絵文字をクリックし，選択する。

② ワードアートを挿入すると，リボンに[描画ツール]の[書式]タブが追加されるので，このタブをクリックする。

③ [ワードアートスタイル]グループの[クイックスタイル]や[文字の塗りつぶし]，[文字の輪郭]，[文字の効果]などをクリックして変更する。

2.6.4　画像の挿入

　写真やイラストなどの画像ファイルを文書に挿入することができます。事前に保存されている場所を確認しておく必要があります。

◆ **操作 2-59　画像の挿入（図 2.52 参照）**

① [挿入]タブをクリックし，[図]グループの[画像]ボタンをクリックする。

② [画の挿入]ダイアログボックスが開くので，ファイルを開く時と同様に，画像の保存場所を指定し，表示された一覧の中から利用したいファイルを選択し[挿入]ボタンをクリックする。

図 2.52　画像ファイルの挿入

　この後，挿入した画像のサイズを変更し，置きたい場所に移動するのですが，挿入した時点では「行内」というレイアウトになっており，文字と同じように扱われるため自由に移動できません。画像には，文字列との位置関係を決める[**文字列の折り返し**]を指定できます。

　まず，指定によってどう配置されるかを解説しておきます。

◇ 解説 2-9　文字列の折り返しと配置の関係

行内：カーソルのある位置に文字と同等の扱いで画像が配置。
　　　　文字や改行マークのないところへ移動できない。

四角：画像の幅と高さに応じて四角い余白が設けられ，文字が四角に回りこむ形
　　　　で配置。挿絵などに利用。

狭く：画像の形に添って余白が設けられ，文字が回りこむ形で配置。
　　　　挿絵などに利用。

内部：「狭く」と同様だが，画像の窪んだ内部にも文字が回り込む配置。
　　　　挿絵などに利用。

上下：画像が行単位で配置。
　　　　左右に文字が配置されない。

背面：画像が文字列の後ろに配置。

前面：画像が文字列の前に配置。図を移動しても文字のレイアウトに影響がない
　　　　ため，論文の図などに適している。

位置関係がわかったところで，実際に操作してみましょう。

◆ 操作 2-60　文字列の折り返し設定（図 2.53 参照）

① 画像をクリックして選択し，表示された［図ツール］の［書式］タブをクリックする。

② ［配置］グループの［文字の折り返し］ボタンをクリックし，表示されたメニューから［前面］を
クリックする。

注：選択した画像の右上に表示される［レイアウトオプション］ボタンをクリックし，指定す
ることもできる。

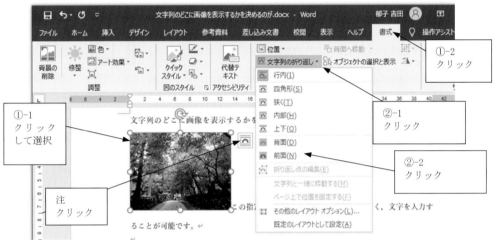

図 2.53　画像の文字の折り返しの指定

2.6.5　オンライン画像の挿入

挿入したい画像に関係するキーワードを入力して検索し，インターネット上にある写真やイラス
トなどを直接文書に挿入することができます。

ただし，インターネット上の画像でも，著作権を意識せずに安易に利用することはできません。
それぞれの画像を提供するサイトを訪れ，利用規定を確認してから使用しましょう。

◆ 操作 2-61　画像の挿入（図 2.54 参照）

① ［挿入］タブをクリックし，［図］グループの［オンライン画像］ボタンをクリックする。

② ［オンライン画像］ダイアログボックスが開くので，キーワードを入力し Enter キーを押す。

図 2.54　オンライン画像の挿入

● 演習 2-15　文書作成と編集

演習 2-6 で作成した'開催通知'に以下を追加，編集し上書き保存せよ。

令和 XX 年 XX 月 XX 日
コンピュータ大学 教務課

Word 講習会開催のお知らせ

学生の皆さんへ

　この度，Word 講習会を開催する運びとなりました。卒業論文を記述する上で必要となる機能を中心に，Word を使いこなしたいと考えている方を対象とした講習です。受講ご希望の方は，申込書に記入の上，教務課 長谷川 まで。

記
1.　日時：令和 2 年 5 月 23 日　10:00～16:00
2.　場所：204 教室
3.　講師：吉田講師
4.　資格：基本的な Word の操作を習得された方

以上

申込書

学科		学年	
氏名		学生番号	
連絡先			

編集内容：
① 上記サンプルを参照して，タイトルの背面に図形を描画。
② 記書きの下に横線を描画。
③ 横線の下にワードアートを使用して'申込書'と見栄えよく作成。
④ 本文の右に画像を配置（写真・イラスト・アイコン等 何でもよい）。
⑤ イラストの周りに文字を四角に回りこませるように編集。
⑥ 見栄えのよい表を作成。作成した表を中央揃えとする。

2.7　印　　刷

2.7.1　印　　刷

　印刷を実行する前には，必ず印刷プレビューで印刷イメージの確認を行います。もしもプレビューで余白や行間隔のバランスが悪いところがあれば，元の画面に戻って修正します。また，細かいページ設定が決められていない場合には，なるべく1ページに収めるようにします。

　こうして，印刷プレビュー画面で確認を終えたら，プリンタで印刷を行います。

◆　操作 2-62　プリンタでの印刷（図 2.55 参照）

① ［ファイル］タブをクリックし，表示された画面の左のメニューから［印刷］をクリックする。

② ［印刷］画面が表示される。右側にはプレビュー画面が表示される。ここでプリンタ，印刷範囲，部数などの指定をすることができる。

◆ **プリンター**：複数のプリンタを使用するように設定されている場合，表示される選択肢から使用するプリンタを選ぶ。［**プリンターのプロパティ**］をクリックし，**プロパティダイアログボックス**を表示して詳細設定ができる（図 2.56 参照，プリンタの種類による）。

◆ **設定**：印刷対象，印刷部数，印刷方向などを指定する。

　・印刷対象ページを変更

　　［**すべてのページを印刷**］を変更し，範囲指定をすることができる。

　　連続していない複数ページを指定する場合は 1,5,8 のようにカンマで区切って指定する。

　　連続した複数ページを指定する場合は 2-8 のようにハイフンで区切って指定する。

　・片面印刷，両面印刷の変更等

③ 指定が済んだら，［印刷］**ボタン**をクリックする。

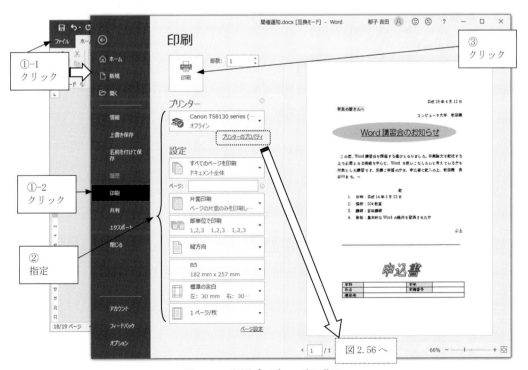

図 2.55　印刷プレビュー表示指示

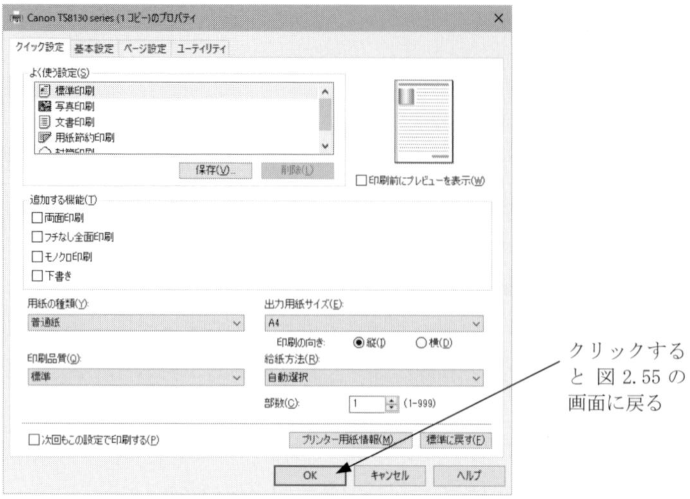

図 2.56　プリンタのプロパティダイアログボックス

クリックする
と 図 2.55 の
画面に戻る

　多数のユーザーが共有するプリンタの使用に関しては，気をつけなければならないことがあります。まず，印刷する前に印刷結果がどのプリンタに出力されるのかを確認します。次に，そのプリンタにトラブルがないか確認します。共有プリンタは，紙詰まりや紙切れなどでエラーとなっている場合があります。その状態が解除されても，たくさんの印刷待ちのデータがあれば，それが出力されるまで自分のデータの印刷はできません。

　印刷されない場合には，何度も印刷指示を行うのではなく，印刷できない原因を確認してください。また，間違って印刷指示をしてしまった場合には，責任をもってキャンセルしてください。

2.8　高度な書式設定

2.8.1　書式のコピー

　すでに設定した書式を別の場所にも適用したい場合に，書式のコピーをします。文字，段落の書式を簡単に流用できるので，覚えておくと便利です。

◆ 操作 2-63　書式のコピー（図 2.57 参照）

① 書式コピーの元となる対象を選択する。（文字書式の場合，文字列をドラッグする。段落書式の場合，該当段落をクリックしてカーソルを位置づける。）
　 ex. MS ゴシック，太字の指定をした "書式のコピー" の文字列をドラッグ。
② [ホーム]タブの[クリップボード]グループの[書式のコピー]ボタン 🖌 をクリックする。この状態でマウスポインタを編集領域に移動すると，マウスポインタの形が 🖌I となり，書式のコピーモードとなる。
③ 書式コピー先となる対象を選択し（文字書式の場合，文字列をドラッグする。段落書式の場合，該当段落をクリックする），書式を張り付ける。操作を終えるとマウスポインタの形が元に戻る。
　注：複数の箇所に連続して書式をコピーしたいときは，②の操作で[書式のコピー]ボタンをダブルクリックする。そうすることで，③の操作を終了してもマウスポインタの形は 🖌I のまま元に戻らず，何度でもコピーすることができる。操作を終了したい時には，[書式のコピー]ボタンを再度クリックし，コピーモードを解除する。

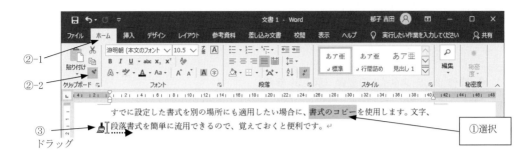

図 2.57 文字書式のコピー

　文書の中で，前に設定した書式をちょっと再利用したいときに便利です。たとえば，箇条書きなどの段落書式を，別の段落をはさんでコピーしたいときなどに，書式のコピーを活用します。

2.8.2　スタイルの利用

(1)　既定のスタイルの活用

　ある目的のための定型的な書式を利用する場合には，スタイルを活用します。Word にはさまざまなスタイルが準備されているので，用途に応じてスタイルを活用することで，効率よく文書編集を行うことができます。

◆ **操作 2-64　既定のスタイルの適用（図 2.58 参照）**
---
① 書式コピーの元となる対象を選択する。（文字書式の場合，文字列をドラッグする。段落書式の場合，該当段落をクリックしてカーソルを位置づける。）
② [ホーム]タブの[スタイル]グループのスタイルギャラリーから選択する。
②' 表示されていないスタイルを指定するには，右にある ▽ をクリックし，表示されたスタイルを選択する。
　注：スタイルを頻繁に指定する場合には，[スタイル]グループのグループ名の右の 🔲 をクリックし，作業ウィンドウにスタイル一覧を常時表示させておく。

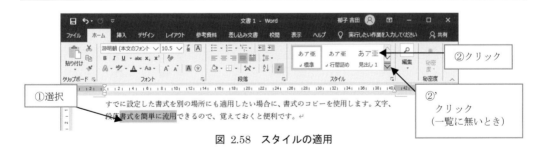

図 2.58　スタイルの適用

◇ **解説 2-10　文字スタイルと段落スタイルの見分け方**

スタイルボックスに登録されているスタイルの種類を見分けるには，作業ウィンドウの右に表示される記号で判ります。

記号	種類
↵	段落スタイル
a	文字スタイル
↵**a**	段落スタイルと文字スタイルを設定

(2) スタイルの登録

　スタイルを任意に定義することもできます。ここでは書式を設定した文字列を選択し，スタイルとして登録する方法を解説します。

◆ **操作 2-65 スタイルの登録（図2.59参照）**

ex. 文字列には，MSゴシック，太字を設定しておき，この文字列スタイルを「文字強調」として新規に登録する。

① [**ホーム**]タブの[**スタイル**]グループ名の右の 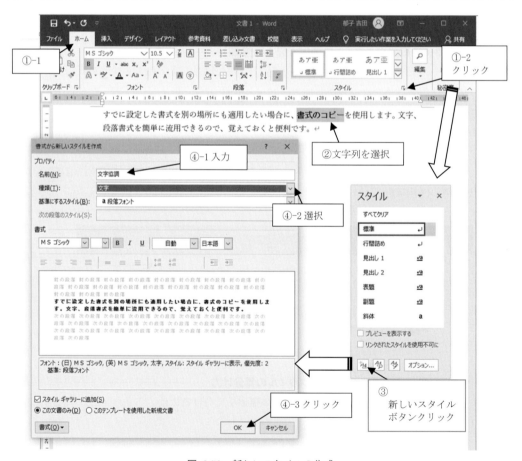 をクリックし，[**スタイル**]作業ウィンドウを表示する。

② 書式を設定した文字列を選択する。

③ [**スタイル**]作業ウィンドウの最下部の[**新しいスタイル**]ボタンをクリックする。

④ [**書式から新しいスタイルを作成**]ダイアログボックスが表示される。[**名前**]に，登録したいスタイルの用途がわかるような任意の名前をスタイル名（ex. 文字強調）として入力し，[**種類**]の右の ▽ をクリックし，[**文字**]を選択し，[**OK**]ボタンをクリックする。

　注：段落スタイルの場合には[**段落**]を指定する。このとき[**次の段落のスタイル**]が指定可能となるので，改行した時に次の段落にどのスタイルを適用するかを指定する。

図 2.59　新しいスタイルの作成

(3)　登録したスタイルの利用

　作成したスタイルは，［**スタイル**］作業ウィンドウに追加表示されるので，簡単に利用できます。

◆　**操作 2-66　登録したスタイルの利用**

ex.「文字強調」スタイルを利用。

① スタイルを設定したい文字列を選択する。

② ［**ホーム**］タブの［**スタイル**］グループ名の右の 🔲 をクリックし，［**スタイル**］作業ウィンドウを表示させる。

③ ［**スタイル**］作業ウィンドウから「文字強調」をクリックする。
　不要であれば，［**スタイル**］作業ウィンドウを閉じる。

---

(4)　スタイルの変更

　登録したスタイルを変更し，利用することもできます。

◆　**操作 2-67　スタイルの変更（図 2.60 参照）**

ex. 文字列スタイル「文字強調」を設定した文字列のフォントを HG 丸ｺﾞｼｯｸ M-PRO に変更。

① スタイルを設定した文字列を選択する。

② ［**ホーム**］タブの［**スタイル**］グループ名の右の 🔲 をクリックし，作業ウィンドウに［**スタイル**］を表示させる。

③ 選択した文字列のスタイルが選択されているので，その右の下向き三角▼をクリックする。

④ 表示されたメニューから［**選択箇所と一致するように XXXX を更新する**］をクリックする。
　注：**XXXX** はスタイル名。この例では「文字強調」。

図 2.60　スタイルの変更

2.8.3　段落書式の詳細な設定

　2.3.3 で段落の設定を学びましたが，［**段落**］ダイアログボックスで指定するインデント設定時の［**幅**］，行間隔設定時の［**行間**］などに指定できる細かな単位を理解しておくと便利です。

(1) インデント設定の単位

インデント設定時の[幅]，には，「字」以外の単位の指定が可能です。

◇ **解説 2-11　字ずらしなどの位置を細かく指定したいときの対処**

[幅]の指定では，ミリ単位，ポイント単位，字単位での細かな指定が可能です。指定には以下の選択肢があります。

単位	内容	備考
mm	ミリ単位で指定する	
pt	ポイント数で指定する	標準の文字サイズが 10.5 ポイントであることを目安に指定できる。
字	1字の間隔で指定する	1 文字分字下げする時などは，1 字と指定すると便利

---

(2) 行間隔の指定

行間隔とは，段落を構成する行すべての間隔や，段落と段落の区切りの間隔を指定するものです。

◆ **操作 2-68　行間隔の指定**

操作 2-17 の①，②を行い，[段落]ダイアログボックスを表示させる（図 2.15 参照）。

① [段落]ダイアログボックスの[間隔]グループに，各項目を指定する。

・[段落前]：段落の区切りとなった時に，前の段落との間に確保する間隔を指定する。

・[段落後]：段落の区切りとなった時に，後の段落との間に確保する間隔を指定する。

・[行間]：行間隔の種類を指定する。（行間の種類は解説 2-12 参照）

・[間隔]：確保する間隔を指定する。（単位は解説 2-11 参照）

② [OK]ボタンを押す。

◇ **解説 2-12　行間隔などの大きさを細かく指定したいときの対処**

[間隔]の中の[行間]指定で，各行の間隔を指定する。指定には以下の選択肢があります。

指示	内容	備考
1行	行内の文字の中で最も大きいフォントサイズに空白を加えた行間を設定	
1.5行	1 行の 1.5 倍の行間を設定	
2行	1 行の 2 倍の行間を設定	
最小値	行間の最小値を設定	大きなフォントや図が挿入された場合には，その行間が自動的に調整される
固定値	指定された行間を設定	大きなフォントを使用した時や，行内の図が挿入された場合にも，行間は調整されない。
倍数	指定された倍数で行間を設定	

2.8.4　文書の区切りごとの書式設定

1 つの文書に複数の書式を設定するために，区切った単位のことをセクションと呼びます。何も設定しなければ，1 つの文書は 1 セクションから成るのですが，区切りを設けることにより，文書

内に複数の書式を設定することができます。たとえば，文書の一部を段組にしたり，一部のページの大きさや向きを変えたりすることができるのです。

　文書の区切りには，セクション区切りだけでなく，ページ区切り，段区切りなどがあります。まず，いろいろな区切りの挿入の仕方を学習しましょう。

(1) ページ区切りの挿入

　1ページに入りきらなくなれば自動的に次のページが増えていくことは経験済みです。これに対し，任意の位置で改ページをするためには，ページ区切りを挿入します。簡単な方法を紹介しておきましょう。

◆ 操作 2-69　ページ区切りの挿入（キーボードを使用）

① 改ページしたい場所をクリックし，カーソルを表示する。

② Ctrl キーを押しながら Enter キーを押す。

　注：操作2-70の区切りの挿入で，改ページを指定してもよい。

---

(2) セクション区切りの挿入

　ページ区切りに比べ，セクション区切りは，区切られた文書の一部に別の書式を設定するという明確な目的があります。ページの任意の位置から区切りを設けたい場合，ページの区切りで設定したい場合，偶数奇数ページで指定を分けたい場合など，用途によって4つの区切り位置の指定方法があります。

◆ 操作 2-70　セクション区切りの挿入（図 2.61 参照）

① ［レイアウト］タブをクリックし，［区切り］ボタンをクリックする。

② 表示されたメニューから［セクション区切り］の4つの開始位置のどれかを選択する。

　次のページ，偶数奇数のページごと，ページの途中でも区切りを設けることができるため，その単位で書式を変更することができる。

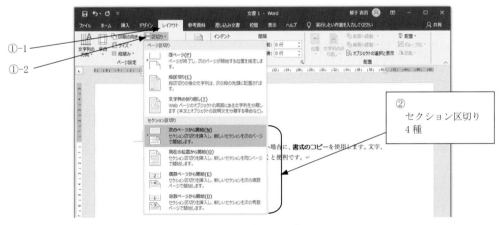

図 2.61　改ページダイアログの表示

(3) セクション単位の書式指定

　3ページの文書のなかで，3ページ目のセクションのみを縦置きにすることを考えます。2ページ目と3ページ目の間にセクション区切りを設定し，3ページ目からのセクションに縦置きを設定します。

◆ 操作 2-71 セクション単位の書式指定（図 2.62 参照）

① 2ページ目の最後にカーソルを位置付け，**セクション区切り**を[次のページから開始]を挿入する（操作 2-70 を参照）。

② 3ページ目のセクションにカーソルを位置づける。

③ [**レイアウト**]タブをクリックし，[**文字列の方向**]ボタンをクリックする。

④ 表示されたメニューから[**縦書き**]をクリックする。

図 2.62　セクション単位のページ設定

2.9　論文などの長文の操作に必要な機能

　基本的な文書作成，編集機能を学んできましたが，論文などの長文を効率よく作成し，容易に編集するための機能について触れます。こういった機能をマスターしておけば，作業効率が大幅に上がり，修正に強い文書を作ることができます。

　ここでは，論文作成を前提とし，例となる文書（図 2.63 参照）を操作することを考えていきましょう。論文などの長文編集の手順を以下に解説します。順序は厳密なものではありません。ページ番号の挿入は，目次作成の直前でもかまいません。

◇ 解説 2-13 論文編集の手順

① ページ番号を挿入

② 見出しスタイルの設定

　　章番号を付けたい段落に「見出し 1」スタイルを設定

　　節番号をつけたい段落に「見出し 2」スタイルを設定

　　（必要に応じてスタイルの書式を変更）

　注：見出しスタイルは「見出し 1」から「見出し 9」まで用意されている。

③ 各見出しにアウトライン番号を設定

　　構成の変更に応じて，自動的に番号が変更され，しかも簡単に目次を作成することができる。

④ 脚注の挿入

⑤ 目次の作成

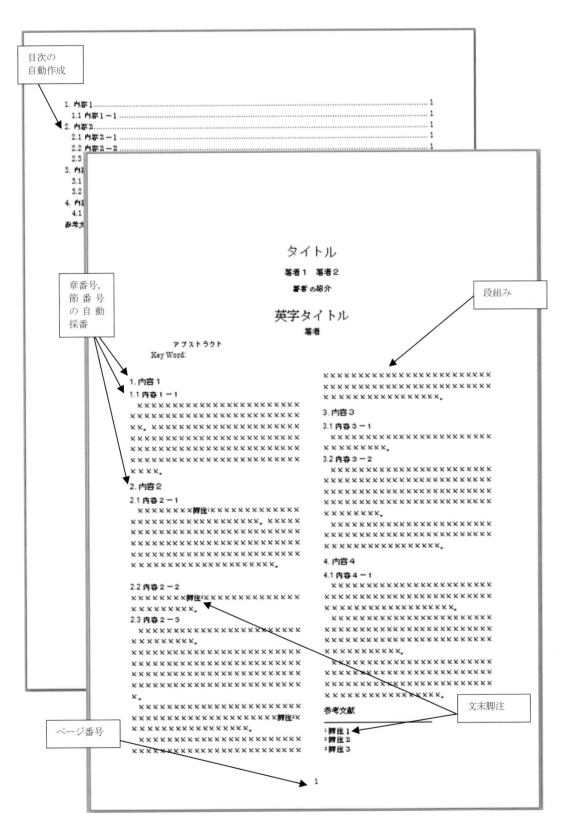

図 2.63　論文のイメージ

2.9.1　ページ番号

(1)　ページ番号の挿入

ページの下の中央に半角の数字を配置する場合についての操作を解説します。

◆ 操作 2-72　ページ番号の挿入（図 2.64 参照）

① ［挿入]タブをクリックし，［ページ番号]ボタンをクリックする。

② 表示されたメニューからページ番号を表示する位置をクリックし，表示されたデザインをクリックする。

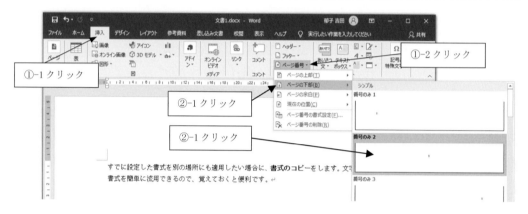

図 2.64　ページ番号ダイアログの表示

ページ番号が挿入されます。このとき，画面は図 2.65 のように，ページの下部の点線で区切られたフッター部分を表示し，フッターの編集ができるモードに切り替わります。また，今まで編集していた領域はグレーで表示され，編集対象から外れます。元のモードに戻すには，[ヘッダーとフッターを閉じる]ボタンをクリックする必要があります。

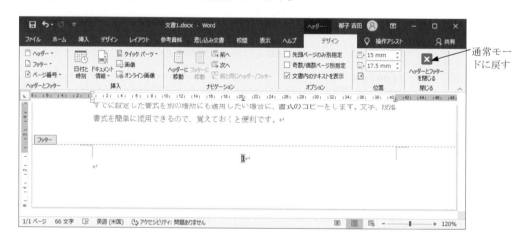

図 2.65　フッターとページ番号の表示

ここで，ヘッダーとフッターについて解説しておきましょう。

◇ **解説 2-14 ヘッダーとフッター**

ヘッダー，フッターは本文の余白の上部，下部に固定の文字列やロゴ，ページ番号などを表示するのに使用される。

ヘッダー，フッターの代表的な使用例がページ番号で，ページ番号をページの上部に配置すればヘッダーとなり，下部に配置すればフッターとなる。

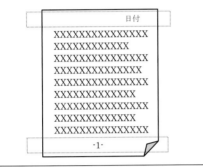 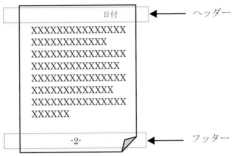

---

(2) ページ番号の位置の調整

ページ番号を挿入すると，リボンに[**デザイン**]タブが追加されます。この機能を利用して，ページ番号の位置を調整します。

◆ **操作 2-73 ページ番号の位置の調整（図 2.66 参照）**

① [フッター／ヘッターツール]の[**デザイン**]タブが追加されるのでクリックする。

② [位置]グループの[**下からのフッター位置**]の数値の右の上下ボタンを使用して位置を指定する。

　注：位置の指定を小さくしても，下に下がらない時は，ページ番号の下に改行マークがないか確認し，あれば改行を消去する。

図 2.66　フッターの位置の指定

(3) ページ番号の書式設定

[挿入]タブ，[デザイン]タブの双方に[**ページ番号**]ボタンがあり，どちらからでも指定できますが，このボタンを使用し，ページ番号の書式設定を行います。

◆ **操作 2-74 ページ番号の書式設定**

① [フッター／ヘッターツール]の[**デザイン**]タブが追加されるのでクリックする。

② [ヘッダーとフッター]グループの[**ページ番号**]をクリックし，表示されたメニューから[**ページ番号の書式設定**]をクリックする。

③ [ページ番号の書式]ダイアログボックスが表示される（図 2.67 参照）ので，番号書式と，必要であれば開始番号を指定し，[**OK**]ボタンをクリックする。

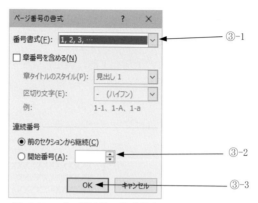

図 2.67　ページ番号の書式設定

2.9.2　見出しスタイルの設定

　既定のスタイルの適用方法は，**操作 2-64** で解説済みです。章番号を付けたい大見出しに当たる段落に「見出し1」スタイルを，節番号を付けたい，その下のレベルの段落には「見出し2」スタイルを設定してください。

◆ 操作 2-75　見出しスタイルの設定（図 2.68 参照）

① 章番号をつけたい段落をすべて選択する。

　注：段落の左にマウスポインタを置き，右向きの矢印になったところでクリックして選択。

　　　離れた場所を選択するときには，Ctrl キーを押しながら別の段落を選択していく。

② 見出し1スタイルを設定する。

③ 同様にして，節番号をつけたい段落をすべて選択する。

④ 見出し2スタイルを設定する。

図 2.68　見出しスタイルの設定

2.9.3　章番号，節番号を振る

　文章として番号を入力することは避け，章番号，節番号を振りたい段落に「見出し 1」，「見出し 2」を設定してあることが前提です。こうしておけば，各レベルに対して 1 回の設定ですべての番号が振られ，追加，削除，移動等の変更をすれば，自動的に採番しなおされますから，とても便利です。章番号や節番号は，アウトライン番号として扱います。

◆ **操作 2-76　章番号，節番号を振る**

① ［ホーム］タブの［段落］グループの［アウトライン］をクリックする（図 2.69 参照）。

② 表示されるメニューから［新しいアウトラインの定義］をクリックする。

③ ［新しいアウトラインの定義］ダイアログボックスが表示される（図 2.70 参照）。
　　左下の［オプション］ボタンをクリックし，画面右に指定項目が追加表示されるのを確認する。

④ 画面左上の**変更するレベルをクリックしてください**と表示されている［レベル］ボックスに「1」が選択されていることを確認し，追加表示され右側の表示から［**レベルと対応付ける見出しスタイル**］ボックスの右の ∨ をクリックし，［**見出し 1**］を選択する。

⑤ 2 レベル目に対して④と同様のことを行う（図 2.71 参照）。
　　［レベル］ボックスで「2」をクリックし，画面右の ［レベルと対応付ける見出しスタイル］ボックスの右の ∨ をクリックし，［見出し 2］を選択し，［OK］ボタンをクリックする。

⑥ 章番号，節番号が自動採番される（図 2.72 参照）。

図 2.69　箇条書きと段落番号ダイアログの表示

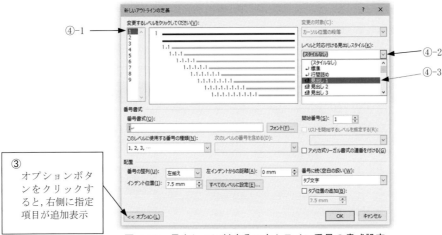

③
オプションボタンをクリックすると，右側に指定項目が追加表示

図 2.70　見出し 1 に対するアウトライン番号の書式設定

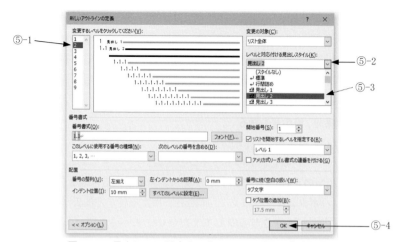

図 2.71　見出し 2 に対するアウトライン番号の書式設定

図 2.72　アウトライン番号設定結果

2.9.4　段　　組

　1ページを，複数の段に分ける，段組の設定をすることができます。文書の一部に段組を設定する場合には，別のセクションとして区切らねばなりません。

┌─── ◆ 操作 2-77　段組の設定 ──────────────────────────────┐

① 段組の設定したい場所をドラッグし，選択する（図 2.73 のようにグレーに表示）。

② [レイアウト]タブの[段組み]の右下の下向き三角をクリックし，表示されたメニューから
　[2 段]をクリックする。

②' 詳細設定がしたいときには，②のメニューから[段組の詳細設定]をクリックして[段組み]
　ダイアログボックスを表示させ（図 2.74 参照），変更内容を指定した後，[OK]ボタンをクリ
　ックする。

└──┘

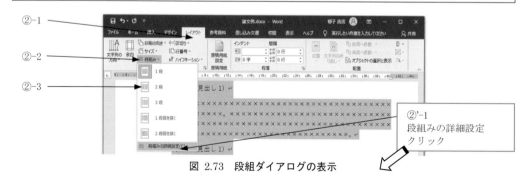

図 2.73　段組ダイアログの表示

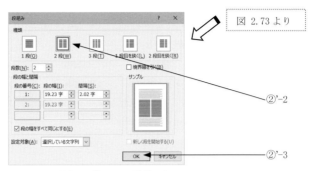

図 2.74 段組みダイアログボックス

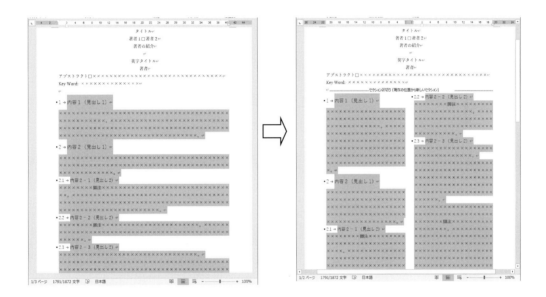

図 2.75 2段組み設定結果

2.9.5 脚 注

脚注は，文末脚注と，各ページの下に配置するものとがあります。

◆ 操作 2-78 脚注の設定（図 2.76 参照）

① 脚注を指定したい場所をクリックし，カーソルを表示させる。

② [参考資料]タブをクリックし，[脚注]グループの[脚注の挿入]または[文末脚注の挿入]をクリックする。

　注：[脚注]グループ名の右の ⟍ をクリックすると，[脚注と文末脚注]ダイアログボックスが表示される（図 2.76 参照）。[場所]については[脚注]，[文末脚注]のいずれかを指定する。また，それぞれの表示する位置について，右の▼をクリックして選択する。[書式]についても指定し，[挿入]ボタンをクリックする。

③ 文書に表示された脚注番号に，対応する注を書く。

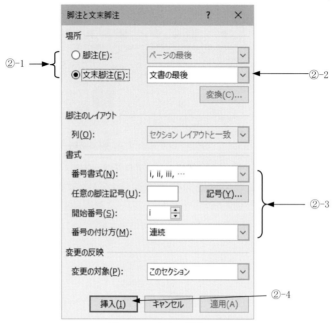

図 2.76　脚注の設定

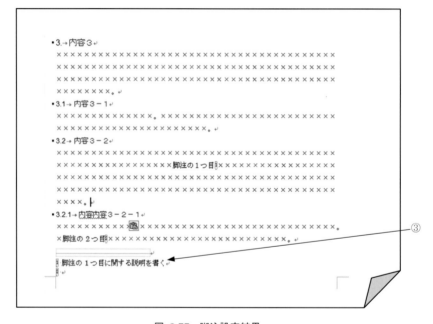

図 2.77　脚注設定結果

2.9.6　目次の自動作成

見出しレベルの情報，目次を作成することができます。

◆ 操作 2-79　目次の自動作成

① 目次を挿入したい場所をクリックし，カーソルを位置づける。

　本文の前に表示したい場合には，本文との間にセクション区切りを挿入し，目次の追加によってずれが生じないようにしておく。

② [**参考資料**]タブの[**目次**]グループの[**目次**]ボタンをクリックし，表示された目次のイメージをクリックする（図 2.78 参照）。

②' 細かい設定をしたい場合には，②のメニューの[**ユーザー設定の目次**]をクリックする（図 2.78 参照）。ダイアログボックスが表示（図 2.79 参照）。[**目次**]タブをクリックし，[**タブリーダー**]の右の▼をクリックし形式を選択し，[**アウトラインレベル**]のレベルを指定する。（見出しレベルが 3 まで合っても，目次には見出し 2 までとしたいきは，2 を指定する。）[**OK**]ボタンをクリックする（図 2.78 参照）。

図 2.78　索引と目次ダイアログの表示

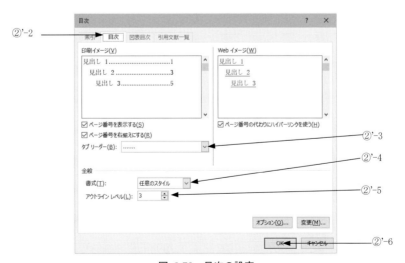

図 2.79　目次の設定

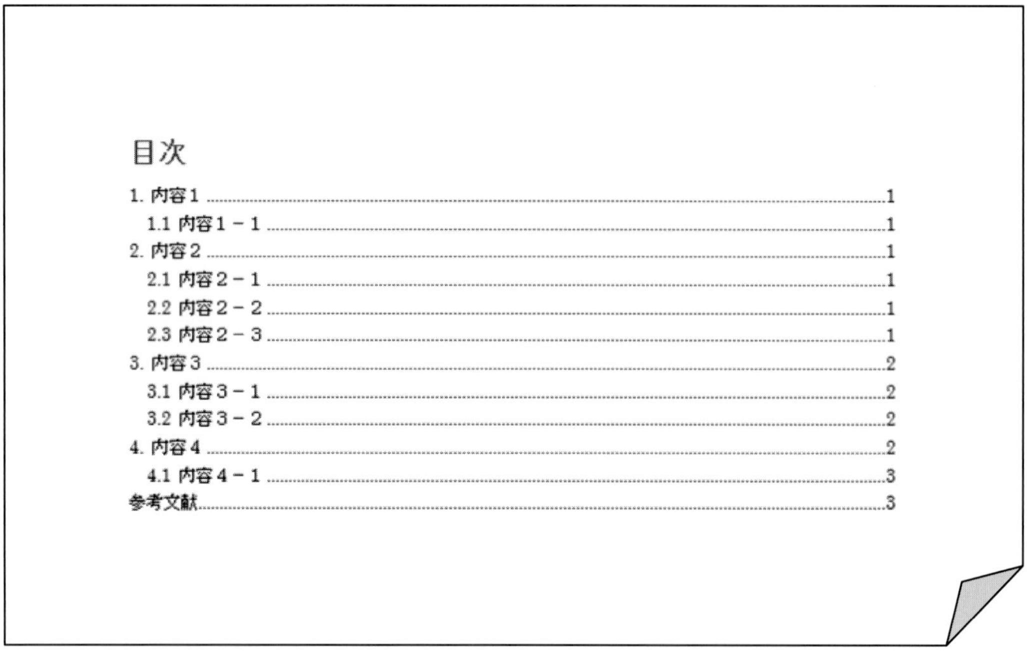

目次

図 2.80　目次の完成

● 演習 2-16　総合演習

演習 2-2 で入力した'演習 2'に以下の内容を追加し，1 ページに収まるように編集し，上書き保存せよ。印刷プレビューでレイアウトを確認し，余白やバランスを確認した後，印刷せよ。

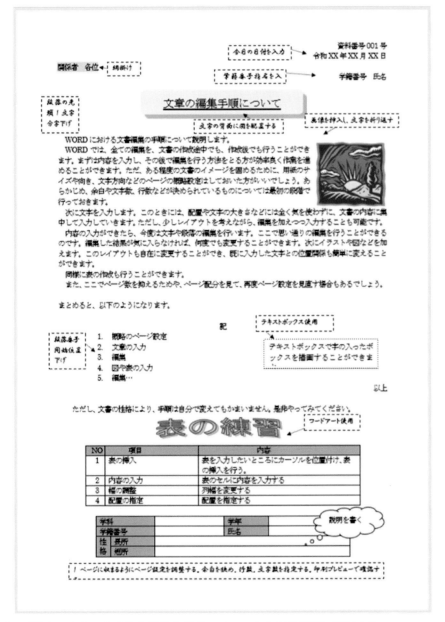

・ページ設定で余白，文字数と行数を指定。フォントを MS 明朝に変更する。

　注：フォントによっては上下の余白が多いものがある。行数を多く指定して入りきらないと，
　　　逆に行間隔が広がってしまうので注意。

・本文は，段落の 1 行目を字下げする。箇条書きの開始位置を，本文よりも下げる。

・2 つの表を配置し，テキストボックス，吹き出しなどを追加。

・画像（ファイルでも，オンライン画像でもよい）を挿入し，本文の文字がイラストの形に
　添って回り込むようにレイアウトする。

3

情報分析力をつける
－Excel 活用編－

レポート作成や研究の中で，調査データや実験結果を集計，加工，分析する機会があります。少ない体力でデータを活用して結論を導き出すことができるかがポイントとなりますが，表計算アプリケーションは，こういった局面で強力な武器になります。

本章で主に扱うのは，Microsoft Excel を利用した基本的な表の作成と計算式の入力，作成した表の編集機能，グラフ作成およびデータベース機能です。さまざまなデータを目的に合わせて活用していく能力と，その値を的確に分析できる能力，そしてそれらのデータやグラフなどを利用して見やすく説得力のある資料作成能力を身につけることを目標としています。

加えて，アンケート調査結果の分析などによく使用する度数分布や相関分析など，簡単な統計やクロス集計によるデータマインニングの初歩についても触れていきます。必要になった時に取り出せる引き出しにしまっておいてください。

3.1 Microsoft Excel の基本操作

3.1.1 Excel の起動

スタート画面の Excel をクリックして起動します。デスクトップ画面にショートカットアイコンがある場合は，これをダブルクリックして起動します。

◆ 操作 3-1 Excel の起動

① Excel を起動し，初期画面（図 3.1 参照）を表示させる。

② 右側に表示されたテンプレートから[空白のブック]をクリックする。

注：最近使ったファイルを開くときも，この画面の下部からダイレクトに指示ができる。

図 3.1 起動画面の構成

3.1.2　ウィンドウの構成

Excel を起動すると，図 3.2 のようなウィンドウが表示されます。このウィンドウの構成を説明します。

◇ **解説 3-1　ウィンドウの構成（図 3.2 参照）**

① **タイトルバー**　… Microsoft Excel と書かれた 1 番上のバー。現在開いているブックの名前がわかり，バーの右端には画面を操作するための 3 つのボタンが並んでいる。

② **リボン**…　タイトルバーの下に表示されているバー。実行したいコマンド（指令）を選ぶ。
　注：リボンは，処理内容ごとに用意されており，上部のタブをクリックすることで表示を切り替えることができる。

③ **ファイルタブ**…　ファイルを開く，保存する，印刷するなどの基本的な操作を指示する。

④ **クイックアクセスツールバー**…　リボンの上に位置し，よく使うコマンドが登録されている。初期状態では，上書き保存，元に戻す，繰り返し入力の 3 つが登録されているが，この他にも自由に追加することができる。

⑤ **ワークシート**　…方眼紙のように縦横に区切られている領域全体。一つ一つのマス目をセルといい，文字，数字，計算式を入力する。ワークシートの上部には，横に並んだアルファベットの A，B，C…と書かれた列番号が表示され，左部には，縦に並んだ数字の 1，2，3…と書かれた行番号が表示される。

⑥ **セル**　…一つ一つのマス目。太い枠線で囲まれた（選択された状態の）セルを**アクティブセル**といい，そこにデータが入力できる。セルには，列番号と行番号により，名前が付けられている。たとえば，図 3.2 のアクティブセルは，J 列 5 行目のセル（J5 番地という）。

⑦ **名前ボックス**　…アクティブセルの番地等が表示される。

⑧ **数式バー**　…　選択されているセルの内容や，入力するデータが表示される。

⑨ **ブック**　…　作成した表を保存するファイルのことをブックという。ブックに 1 枚以上のワークシートで構成される。ワークシートは，必要に応じて増やすことも，削除することもできる。

⑩ **スクロールバー**　…ウィンドウ上に情報が表示しきれないときに，右端，下端に表示される。スクロールバーを使用して文書の表示位置を変更することができる。

⑪ **ズームスライダー**　…　文書の表示倍率を変更することができる。

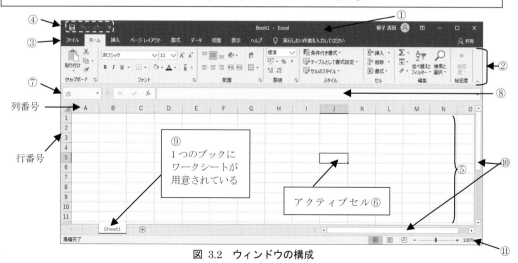

図 3.2　ウィンドウの構成

3.1.3　Excel の終了

終了にはファイルメニューを使用する方法を紹介します。

◆ 操作 3-2　Excel の終了

① タイトルバーの[閉じる]ボタンをクリックする。

3.2　データの入力方法

3.2.1　セルへのデータ入力

Excel では，一つ一つのセルにデータや計算式を入力して表を作成していきます。

◆ 操作 3-3　数字の入力（図 3.3 参照）

① データを入力したいセルをクリックする。セルを選択するときのマウスポインタの形は白い
十字 ✛ とする。クリックして選択すると，そのセルはアクティブセルとなり，セルの外
枠が太い枠線で囲われる。

例：B2 をクリックして，アクティブセルとする。

② 数字や文字をキーボードから入力する。

例：1000 と入力。

③ Enter キーを押す（結果は図 3.4 参照）。

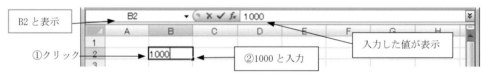

図 3.3　数字の入力-1

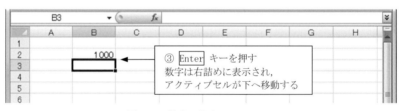

図 3.4　数字の入力-2

文字の入力も数字と同じ手順ですが，Enter キーを押した後，文字は左詰めに表示されます。ま
た，文字データとして漢字を入力する場合には，日本語入力システムを起動し，データの読みを入
力して変換します。変換できたら確定のために Enter キーを押し，その後に入力のための Enter
キーを押します。

● 演習 3-1　データの入力練習

Excel の表のセルに以下のデータを入力し，'データ入力の練習'と名前を付けて保存せよ。

	A	B	C	D	E	F	G
1	月曜日	1月	日本語	1	1	10	abc
2		1000			2	20	
3							
4							

保存先　：演習 1-5 で作成した'3Excel 編'フォルダの中。

3.2.2　セルに入力したデータの修正

(1)　データの消去

┌─── ◆ 操作 3-4　データの消去 ────────────────────────
① データを消去したいセルをクリックし，アクティブにする。
② キーボードから Delete キーを押す。

(2)　データの上書き

┌─── ◆ 操作 3-5　データの上書き ────────────────────────
① データを上書きしたいセルをクリックし，アクティブにする。
② キーボードから上書きしたいデータを入力し Enter キーを押す。すると，前に入力したデータは後から入力したデータに置き換えられる。

(3)　データの一部修正

┌─── ◆ 操作 3-6　データの一部修正 ────────────────────────
① データを修正したいセルをクリックし，アクティブにする。
　選択したセルのデータが数式バーに表示されるのを確認。
② 数式バー上にマウスポインタを位置づけるとマウスポインタの形が Ⅰ となる。データの修正をかけたい部分でクリックし，カーソルを表示させる。
③ カーソルの位置の文字を編集する（削除，追加，置き換え等）。
④ 修正が完了したら Enter キーを押して入力する。

┌─── ● 演習 3-2　データの修正練習 ════════════════════════
演習 3-1 で作成した'データ入力の練習'を以下のように修正し，上書き保存せよ。
　C1 の 日本語 →日本人
　E1 の 1 → 2
　E2 の 2 → 3
　G1 の abc→ 消去

	A	B	C	D	E	F	G	
1	月曜日	1月	日本人	1	2	10		
2		1000			3	20		
3								

3.2.3　範囲選択

　セルに対して操作を行う場合，必ず該当するセルをクリックし，選択した状態（アクティブ）にしなければなりません。複数のセルに対して削除や編集などの操作をする場合には，一度に複数のセルを選択しておけば，まとめて操作することができます。

(1)　連続するセルの選択

　連続するセルを選択する場合には，範囲をマウスでドラッグします。

┌─── ◆ 操作 3-7　連続するセルの選択（図 3.5 参照） ────────────────
① 選択したいしたい範囲をドラッグする（初めのセルをクリックしたままマウスボタンから手を離さず，選択したい範囲の終りのセルまでマウスを移動してからボタン離す）。
　例：図 3.5 は，C2 から E3 までをドラッグ。
② 選択を解除するには，別の任意のセルをクリックする。

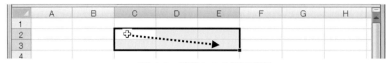

図 3.5　連続セルの範囲選択

(2)　離れた場所にある複数セルの選択

　離れた場所にあるセルを選択する場合は，キーボードから $\boxed{\text{Ctrl}}$ キーを押しながら選択したいセルをクリックしていきます。

◆ 操作 3-8　離れた場所にあるセルの選択(図 3.6 参照)

① 選択したい一つ目の範囲を選択する。

② $\boxed{\text{Ctrl}}$ キーを押しながら，離れた次の範囲をドラッグまたはクリックする。

③ ②と同様に，追加選択したいセルを $\boxed{\text{Ctrl}}$ キーを押しながら次々に選択していく。

　例：図 3.6 は，A1，C2〜D3，A3 を選択。

　注：選択されたセルは，グレーに色がついて表示。その中で，次にデータが入力できるセルだけが白く表示される。

図 3.6　離れた場所にある複数セルの選択

(3)　行，列の範囲選択

　行や列を選択することもできます。

◆ 操作 3-9　行，列の範囲選択

① 選択したい行番号，または列番号をクリックする。

　注：セルの選択のときと同じように，複数の行や列の選択は，隣り合った行／列の場合には行番号／列番号をドラッグする。離れた複数の行や列の選択には $\boxed{\text{Ctrl}}$ キーを押しながらクリック，またはドラッグする。

3.2.4　オートフィル

　表に入力する項目の見出しとして，連続するデータを入力する機会が多数あります。たとえば，予実算管理などの場合，各月のデータを集計するために，入力データの見出しに，1 月，2 月，3 月…という項目を使うことになるでしょう。こういった連続データを，マウス操作で自動的に入力することができます。これを**オートフィル機能**といいます。

(1)　連続する文字データの入力

　Excel にあらかじめ登録されているデータのリストがあり，これに該当するデータをセルに入力する場合，フィルハンドルをドラッグすると，登録されているデータの並びが自動的に埋め込まれます。連続データとして曜日などがあります。

◆ 操作 3-10　連続した文字列の入力 (図 3.7 参照)

① 一つ目のセルに最初の値を入力しておく。

　例：A1 に月曜日と入力。

② オートフィルの元になるデータが入力されているセルをアクティブにする。

　例： A1 をクリック。

③ アクティブセルの黒い太枠線の右下の**フィルハンドル**にマウスポインタを位置づけ，マウス
　ポインタの形を黒い十字 **✚** にする。

　　月曜日 ◀—フィルハンドル　　　　　月曜日 ◀—マウスポインタ

④ マウスポインタの形が③の状態のまま，目的の位置までドラッグする。

　　例： A1 から A7 までドラッグする。

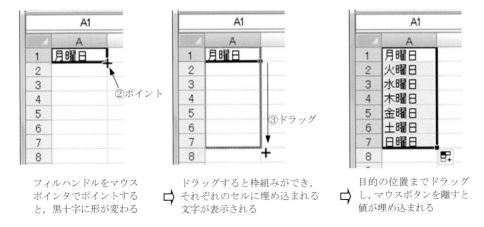

フィルハンドルをマウス
ポインタでポイントする
と，黒十字に形が変わる

ドラッグすると枠組みができ，
それぞれのセルに埋め込まれる
文字が表示される

目的の位置までドラッグ
し，マウスボタンを離すと
値が埋め込まれる

図 3.7　文字のオートフィル操作

連続データとして登録されているものは，自動的にこのように入力されますが，オートフィルには
オプションを指定することができ，単純なコピーを指示することもできます。

◆ 操作 3-11　オートフィルオプションの指定（図 3.8 参照）

例：A2 から A7 までのセルに，すべて月曜日と入力したい場合

① 操作 3-10 の手順でオートフィルを実行する。

② 右下に表示された ⊞ をクリックし，表示されたメニューの中から[**セルのコピー**]をクリッ
　クする。

図 3.8　オートフィルオプションの選択

標準で用意されている連続データの代表的なものとして，表 3.1 のようなものがあります。

表 3.1　Excel で定義されている連続データの例

連続データとして登録されているデータ	備考
Sunday,Monday,Tuesday,Wednesday, Thursday,Friday,Saturday	3 文字の省略形も対応可
日,月,火,水,木,金,土	
日曜日,月曜日,火曜日,水曜日,木曜日,金曜日,土曜日	
January,February,March,April,May,June,July, August,September,October,November,December	3 文字の省略形も対応可
1 月,2 月,3 月,4 月,5 月,6 月,7 月,8 月,9 月,10 月,11 月,12 月	
第 1 四半期,第 2 四半期,第 3 四半期,第 4 四半期	
子,丑,寅,卯,辰,巳,午,未,申,酉,戌,亥	

このリストにユーザが追加登録することもできます。また，リストになくても，文字データの中に数字が存在すれば，数字部分が一つずつ増加する形で埋め込まれていきます。日付も連続データとして認識されます。

(2)　連続する数値データの入力

数値データの場合，文字データと同じようにオートフィルの操作をするとコピーとなり，同じ数値が埋め込まれます。1 つずつ増やした数値を入力したいときには，$\boxed{\text{Ctrl}}$ キーを押しながらオートフィルを行います。

◆ 操作 3-12　1 つずつ増分させる数字の入力
① オートフィルの元になるデータが入力されているセルをアクティブにする。
② アクティブセルの黒い太枠線の右下の**フィルハンドル**にマウスポインタを位置づけ，マウスポインタの形を黒い十字 ✚ にし，$\boxed{\text{Ctrl}}$ キーを押しながら目的の位置までドラッグする。

---

(3)　一定間隔で増減する数値データの入力

隣り合った 2 つのセルにデータを入力しておいて，この 2 つのセルを選択し，オートフィルを行うこともできます。

◆ 操作 3-13　数字の差分入力（図 3.9 参照）
例：　10，20，30 …と 10 ずつ増加するデータの入力
① 始めのセルと，次のセルに，元になるデータを入力しておき，2 つのセルを選択する。
　例：　A1 に 10 を入力，A2 に 20 を入力し，A1 から A2 をドラッグ。
② アクティブセルの黒い太枠線の右下の**フィルハンドル**にマウスポインタを位置づけ，マウスポインタの形を黒い十字 ✚ にし，目的の位置までドラッグする。

②-1 ポイント　　　②-2 ドラッグ

| フィルハンドルをマウスポインタでポイントすると，黒十字に形が変わる | ドラッグすると枠組みができ，それぞれのセルに埋め込まれる値が表示される | 目的の位置までドラッグしマウスボタンを離すと，2 つのセルの差分を増分とした値が埋め込まれる |

図 3.9　数字のオートフィル操作

┌─── **● 演習 3-3 オートフィルの練習** ═══════════════

演習 3-2 で修正した 'データ入力の練習' を使用して，以下のオートフィルの練習をし，上書き保存せよ。

  ① A1 を選択し，A12 までのセルを曜日で埋める。

  ② B1 を選択し，B12 までのセルを月で埋める。

  ③ C1 を選択し，C12 までのセルを同じ文字で埋める。

  ④ D1 を選択し，D12 までのセルを同じ数字で埋める。

  ⑤ E1 と E2 を選択し，E12 までのセルを 2〜13 で埋める。

  ⑥ F1 と F2 を選択し，F12 までのセルを 10〜120 で埋める。

	A	B	C	D	E	F	G
1	月曜日	1月	日本人	1	2	10	
2	火曜日	2月	日本人	1	3	20	
3	水曜日	3月	日本人	1	4	30	
4	木曜日	4月	日本人	1	5	40	
5	金曜日	5月	日本人	1	6	50	
6	土曜日	6月	日本人	1	7	60	
7	日曜日	7月	日本人	1	8	70	
8	月曜日	8月	日本人	1	9	80	
9	火曜日	9月	日本人	1	10	90	
10	水曜日	10月	日本人	1	11	100	
11	木曜日	11月	日本人	1	12	110	
12	金曜日	12月	日本人	1	13	120	

┌─── **● 演習 3-4 表の作成** ═══════════════

新たに Excel を起動し，以下のようなデータを入力せよ。

	A	B	C	D	E	F
1	支店名	4月	5月	6月		
2	六本木	4698	4677	5067		
3	渋谷	3245	3548	4213		
4	赤坂	4858	4759	5235		
5	新宿	6758	6820	7682		
6	合計					
7						

  保存先：ドキュメントフォルダの中，ファイル名を '売上表' とする。

3.2.5　セルの移動とコピー

　入力したセルの内容を他のセルにコピーまたは移動するには，編集メニューまたは標準ツールバーを使用し，カットアンドペースト，コピーアンドペーストを行います。

(1) セルの移動

　編集メニューを使用した移動の操作は，**切り取り**と**貼り付け**の 2 つの指令で行います。

┌─── **◆ 操作 3-14 移動の操作** ═══════════════

① 移動元のセルを選択する。

② [**ホーム**]タブをクリックし，[**クリップボード**]グループの [**切り取り**]ボタン ✂ をクリックする。（または Ctrl キーを押しながら X キーを押す）

③ 　移動先の先頭セルを選択する。

④ [**ホーム**]タブの[**クリップボード**]グループの[**貼り付け**]ボタン 📋 をクリックする。

  （または Ctrl キーを押しながら V キーを押す）

マウス操作での移動の仕方も確認しておきましょう。

◆ 操作 3-15 セルの移動（ドラッグアンドドロップ）

① 移動元のデータが入力されているセル範囲を選択する。

例： A1 から B2 をドラッグする。

② 選択したセル範囲の太枠線上にマウスポインタを近づけ，マウスポインタの形が図形移動矢印 の形となる場所を見つける（図 3.10 参照）。

③ 移動先までドラッグする。

注：ドラッグを始めると，マウスの動きに合わせて，矢印と，選択した領域の大きさの四角が移動する（図 3.11，図 3.12 参照）。

②選択されたセルの枠線にマウスポインタを近づけると図形移動矢印となる

図 3.10 ドラッグアンドドロップによる移動-1

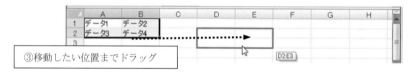

③移動したい位置までドラッグ

図 3.11 ドラッグアンドドロップによる移動-2

ボタンを離すと移動完了

図 3.12 ドラッグアンドドロップによる移動-3

(2) コピー

編集メニューを使用したコピーの操作は，**コピー**と**貼り付け**の 2 つの指令で行います。

◆ 操作 3-16 コピーの操作

① コピー元のセル範囲を選択する。

② [**ホーム**]タブをクリックし，[**クリップボード**]グループの[**コピー**]ボタン をクリックする。（または Ctrl キーを押しながら C キーを押す）

③ コピー先の先頭セルを選択する。

④ [**ホーム**]タブの[**クリップボード**]グループの[**貼り付け**]ボタン をクリックする。（または Ctrl キーを押しながら V キーを押す）

マウス操作での移動の仕方も確認しておきましょう。

◆ 操作 3-17 セルのコピー（ドラッグアンドドロップ）

① コピー元のデータが入力されているセル範囲を選択する。

② 選択したセル範囲の太枠線上にマウスポインタを近づけ，マウスポインタの形が図形移動矢印 の形となる場所を見つける。

③ Ctrl キーを押しながら移動先までドラッグする。

注：ドラッグを始めると，マウスの動きに合わせて，矢印の右上に小さなプラスの表示 と，選択した領域の大きさの四角が移動する。

演習 3-4 で作成した‘売上表’の A6 のセルのデータを，E1 にコピーし，上書き保存せよ。

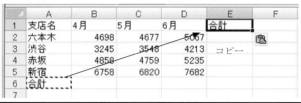

3.3 表計算の基本機能

3.3.1 計算式の入力

セルに計算式を入力することで，計算を行うことができます。

◇ 解説 3-2 計算式の記述方法

例：B2 に鉛筆の単価 70，C2 に数量 30 が入力されている。この値を使用して，D2 に金額を求める場合 （ 金額 ＝ 単価 × 数量 ）

	A	B	C	D	E
1	商品	単価	数量	金額	
2	ガム	70	30		
3	飴	100	15		
4	チョコレート	100	12		
5	パイ	200	5		
6	クッキー	150	8		

通常の式を考えると …D2 の値 ＝ 70 × 30

- Excel では，セルの値の計算は，定数を使用する以外は，セル名を使って計算を行う。
    - → D2 の値 ＝ B2 の値 × C2 の値
- Excel では，結果を代入するセル名は記述せずに，結果を求めるセルに，イコールで始まる式を入力する。
    - → D2 のセルを選択して，そこに計算式を入力 ＝B2*C2

注：EXCEL では，四則演算として以下の記号が使用できる。

- 加算：+ 例 =B2+C2
- 減算：- 例 =B2-C2
- 乗算：* 例 =B2*C2
- 除算：/ 例 =B2/C2
- べき乗：^ 例 =B2^C2

定数として数字も使用できる。

- 加算： 例 =B2+10
- 減算： 例 =B2-3
- 乗算： 例 =B2*C2*0.3
- 除算： 例 =B2/2
- べき乗： 例 =B2^2

計算の順序は四則演算と同じ。加，減算を先にしたいときはカッコを使用する。

例： =(B2+C2)*0.3

表に入力された値を使用して，計算を行う手順を説明します。

◆ 操作 3-18　式の入力

① 式を入力したいセルをクリックし，アクティブにする

　例：D2 をクリックする。

② キーボードから ＝ を入力する。

　注：この操作で「計算式入力モード」になり，クリックしたセル名が計算式に取り込まれる。

③ 計算式を構成するセルをクリックし，式を入力する（図 3.13 参照）。

　例：B2 をクリックする。

　注：セルをクリックする代わりに，セル名を入力することもできる。

④ キーボードから算術記号を入力する

　例：＊ を入力。

⑤ ③，④を繰り返し，入力する式を完成させる（図 3.14 参照）。

　例：C2 をクリックし，=B2*C2 を完成

⑥ 式が完成したら，入力のために Enter キーを押す。計算結果が表示（図 3.15 参照）。

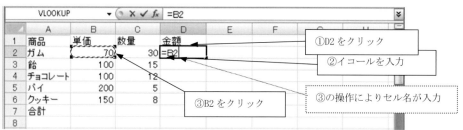

図 3.13　計算式の入力-1

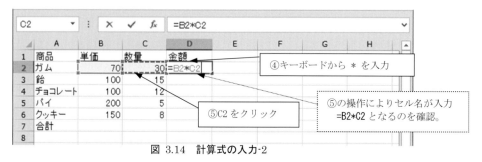

図 3.14　計算式の入力-2

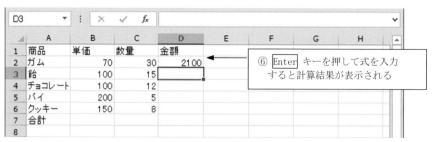

図 3.15　計算式の入力-3

式の内容を確認したい時には，そのセルをクリックすれば，数式バーに表示されます。

◆ 操作 3-19　計算式の確認（図 3.16 参照）

① 式を確認したいセルをクリックし，アクティブにする。　例：　D2 をクリックする。

② 数式バーの表示を確認する。

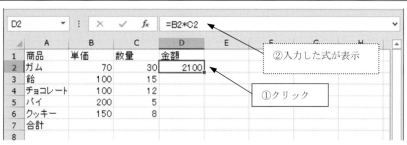

図 3.16　計算式の確認

3.3.2　計算式のコピー

計算式は，オートフィル機能を使用してコピーすることができます。数式をコピーすると，コピー先のセルの位置にあわせて数式の中のセル名が自動的に変更されます。

◇ 解説 3-3　計算式の入力

例：　D2 のセルに　金額 ＝ 単価 × 数量 を表す　＝B2*C2 という計算式が入っている。

D3，D4，D5，D6 にも同様の式を入力したい場合。

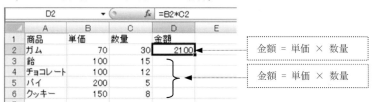

◆ セルの式を位置関係に着目してみると，以下のことがわかる。

この式は，2 行目に関してみると以下のようになっている。

> D 列の値 ＝B 列の値 × C 列の値

3 行目以降にも，同様の関係が成り立つ。

> D 列の値 ＝B 列の値 × C 列の値

◆ Excel では，このように位置関係だけが異なる同等の式の入力を，コピーで行うことができる。つまり，コピーを行うと，入力されている式の位置関係に合わせて式の値が自動的に変化する。相対的な位置関係を保った状態を**相対参照**という。

連続したセルへの式のコピーは，式が入力されているセルのオートフィルで行うことができます。操作 3-10 と同じですが，念のため確認しておきましょう。

◆ 操作 3-20 計算式のコピー

① コピーしたい式の入力されているセルをクリックし，アクティブにする。

② マウスポインタをフィルハンドルにポイントし，コピーしたい最終セルまでドラッグする。

注：データのコピーと同様の操作で計算式をコピーすることができる。離れた場所への計算
式のコピーに有効。

● 演習 3-6 計算式の確認

文房具の売上をまとめた表に以下の操作を行い，名前を付けて保存せよ。

・D2 から D6 のセルに，各商品の金額を求めよ。

・E2 から E6 のセルに，各商品の金額の一割の金額を求めよ。

・F2 から F6 のセルに，各商品の金額から一割を引いた金額を求めよ。

	A	B	C	D	E	F	G
1	商品	単価	数量	金額	金額の1割	1割引の金額	
2	鉛筆	70	30				
3	消しゴム	100	15				
4	ボールペン	100	12				
5	コンパス	200	5				
6	定規	150	8				
7							

ヒント： F2 の値は D2 の値から E2 の値を引く。

（または，D2 の値の 9 割を計算）

F2 の計算式を F3〜F6 にコピーする。

3.3.3 よく使う関数を使用した計算

Excel では，さまざまな関数が用意されています。関数を使用すると，複雑な計算式を簡単に定義することができます。ここでは特に使用頻度の高い関数を紹介します。

(1) 合計を求める

合計を求めるには，SUM 関数と呼ばれる関数を使用します。

◆ 操作 3-21 SUM 関数の入力

例： C7 のセルに数量の合計を求める場合

数量の合計は，C2〜C6 のデータを加算していくことで求められる。

SUM 関数は，これを │ =SUM(開始セル:終了セル) │ と表現する。

=C2+C3+C4+C5+C6 という計算式を入力しても合計の計算ができるが，合計するセルが多くなるほど式の入力に手間がかかる。

	A	B	C	D	E
1	商品	単価	数量	金額	
2	ガム	70	30	2100	
3	飴	100	15	1500	
4	チョコレート	100	12	1200	
5	パイ	200	5	1000	
6	クッキー	150	8		
7	合計		70		
8					

=SUM(C2:C6)

→ C2 から C6 までの合計を求める

① 式を入力したいセルをクリックする。（関数を使用するときには，＝は自動的に入力される）

　例：　C7 をクリックする。

② [ホーム]タブの[編集]グループの[合計]ボタン Σ をクリックする。

　SUM 関数が自動的に入力され，式を入力したセルと，近隣の数字が入っているセル範囲が自動的に合計の範囲として設定される。合計を求めたいセル範囲と一致している場合は，このままでよい（図 3.17 参照）。

②' 合計範囲が指定したいセル範囲と異なる場合は，指定したい範囲をマウスでドラッグすると，関数の値が変化する（図 3.18 参照）。

③ SUM 関数が②，②'で作成できたら，入力のための Enter キーを押す（図 3.19 参照）。

図 3.17　SUM 関数の指定-1

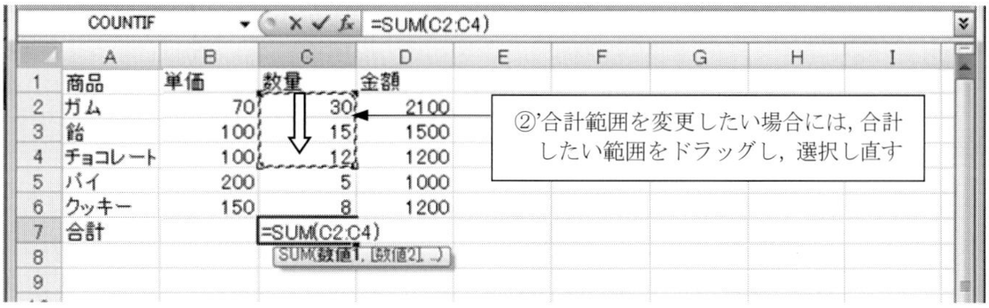

図 3.18　SUM 関数の指定-1'

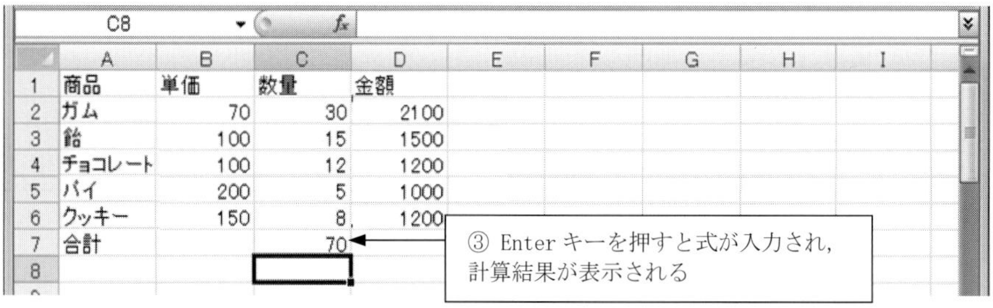

図 3.19　SUM 関数の指定-2

● **演習 3-7　SUM 関数を使用した合計**

演習 3-5 で修正した‘売上表’に対し，以下の操作を行い，上書き保存せよ。

・E2 から E5 のセルに，各支店の 4 月から 6 月分の値の合計を求めよ。

・B6 から E6 のセルに，各月の支店の値の合計および 3 カ月の合計の合計を求めよ。

	A	B	C	D	E	F
1	支店名	4月	5月	6月	合計	
2	六本木	4698	4677	5067	14442	
3	渋谷	3245	3548	4213	11006	
4	赤坂	4858	4759	5235	14852	
5	新宿	6758	6820	7682	21260	
6	合計	19559	19804	22197	61560	
7						

ヒント：　E2 のセルに B2～D2 の合計を求める。E2 の式を E3～E5 にコピーする。

　　　　　B6 のセルに B2～B5 の合計を求める。B6 の式を C6～E6 にコピーする。

---

(2) 平均を求める

平均を求めるには，AVERAGE 関数と呼ばれる関数を使用します。

◆ **操作 3-22　AVERAGE 関数の入力（図 3.20 参照）**

例：　C8 のセルに数量の平均を求める場合

　　数量の平均は，C2～C6 のデータを加算し，個数で割ることで求められる。

　　AVERAGE 関数は，これを　=AVERAGE (開始セル:終了セル)　と表現する。

	A	B	C	D	E
1	商品	単価	数量	金額	
2	ガム	70	30	2100	
3	飴	100	15	1500	
4	チョコレート	100	12	1200	
5	パイ	200	5	1000	
6	クッキー	150	8		
7	合計		70		
8	平均		23.33333		
9					

=AVERAGE(C2:C6)
→　C2 から C6 までの平均を求める

① 式を入力したいセルをクリックする。

　例：　C8 をクリックする。

② [ホーム]タブの[編集]グループの[合計]ボタン　Σ　の右の▼をクリックする。表示される
　　メニューから**平均**を選択すると AVARAGE 関数が自動的に入力され，式を入力したセルと，
　　近隣の数字が入っているセル範囲が自動的に合計の範囲として設定される。平均を求めたい
　　セル範囲と一致している場合は，このままでよい。

　注：この例では，C7 のセルの合計を含めてはならないことに注意。

②' 平均範囲が指定したいセル範囲と異なる場合は，指定したい範囲をマウスでドラッグする
　　と，関数の値が変化する。

③ AVARAGE 関数を確認し，入力のための Enter キーを押す。

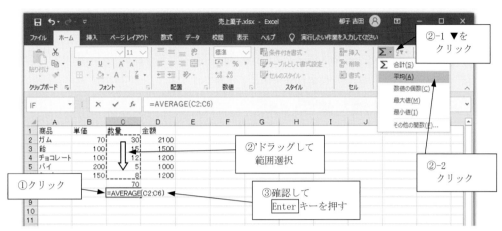

図 3.20　AVARAGE 関数の入力

(3) 最大値／最小値を求める

指定した範囲のデータの中から最大値を求めるには，MAX 関数を使用します。

◆ 操作 3-23　MAX 関数の入力

例： C9 のセルに数量の最大値を求める場合

　　MAX 関数は，C2〜C6 のデータの中から最も大きいデータを求める。

　　これを　=MAX(開始セル:終了セル)　と表現する。

① 式を入力したいセルをクリックする。

　例： C9 をクリックする。

② [ホーム]タブの[編集]グループの[合計]ボタン Σ の右の▼をクリックする。表示される
　メニューから**最大値**を選択すると MAX 関数が自動的に入力される。最大値を求めたいセル
　範囲をマウスでドラッグする。

③ MAX 関数を確認し，入力のための Enter キーを押す。

指定した範囲のデータの中から最小値を求めるには，MIN 関数を使用します。操作は MAX 関数
と同様に行います。

◆ 操作 3-24　MIN 関数の入力

例： C10 のセルに C2 から C6 までの最小値を求める場合

　　MIN 関数は，　=MIN(開始セル:終了セル)　で定義する。

MAX 関数と同様。操作 3-23 の②の操作で，**最小値**を選択する。

● 演習 3-8　コピーの確認

操作 3-21〜3-24 で入力した数量の合計，平均，最大，最小の計算式を，金額の列にコピーせよ。

	A	B	C	D	E
1	商品	単価	数量	金額	
2	ガム	70	30	2100	
3	飴	100	15	1500	
4	チョコレート	100	12	1200	
5	パイ	200	5	1000	
6	クッキー	150	8	1200	
7	合計		70		
8	平均		14		
9	最大		30		
10	最小		5		
11					

ヒント：複数の計算式，C7〜C10 のセ
　　　　ルを選択し，オートフィルで D
　　　　列にコピーする。

3.3.4　行，列の挿入と削除

　作成した表に行や列を挿入，削除することができます。行や列は，選択した場所の前に挿入されます。行や列を挿入すると，挿入箇所の後の行・列は，後ろにずれます。これに伴い，入力されている計算式の内容も，相対的な位置関係を保って変更されます。

◆ **操作 3-25　行の挿入（図 3.21 参照）**

① 「挿入したい行」の**行番号**をクリックし，行全体を選択する（選択した行の前に挿入される）。

② [ホーム]タブの[セル]グループの[挿入] をクリックする。

　注：複数行を挿入したい場合は，「挿入したい行から，挿入したい行数分」の行番号をドラッグして選択する。

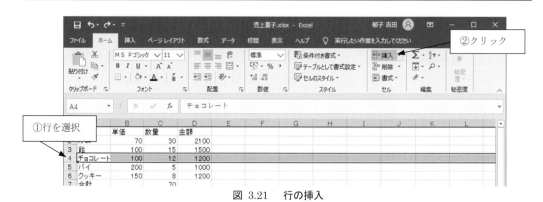

図 3.21　行の挿入

◆ **操作 3-26　列の挿入**

① 「挿入したい列」の**列番号**をクリックし，列全体を選択する（選択した列の前に挿入される）。

② [ホーム]タブの[セル]グループの[挿入] をクリックする。

　注： 複数列を挿入したい場合は，「挿入したい列から，挿入したい列数分」の列行番号をドラッグして選択する。

◆ **操作 3-27　行の削除**

① 「削除したい行」の**行番号**をクリックし，行全体を選択する。

　注：複数行を削除したい場合は，削除したい複数の行を選択する。

② [ホーム]タブの[セル]グループの[削除] をクリックする。

◆ **操作 3-28 列の削除**

① 「削除したい列」の**列番号**をクリックし，列全体を選択する。

　注：複数列を削除したい場合は，削除したい複数の列を選択する。

② [ホーム]タブの[セル]グループの[削除] をクリックする。

● **演習 3-9　行の追加**

演習 3-7 で修正した‘売上表’に対し，以下の操作を行い，上書き保存せよ。

・4 行目の赤坂支店の行の前に 1 行追加せよ。

・新たに追加された行の A4 のセルに**池袋**という文字を入力せよ。

・B4 から D4 のセルに，池袋支店のデータ 5000,6000,7000 を入力せよ。

・E4 に合計を求める式を入力せよ．

	E3	▼	f_x	=SUM(B3:D3)	
	A	B	C	D	E	F
1	支店名	4月	5月	6月	合計	
2	六本木	4698	4677	5067	14442	
3	渋谷	3245	3548	4213	11006	
4	池袋	5000	6000	7000	18000	
5	赤坂	4858	4759	5235	14852	
6	新宿	6758	6820	7682	21260	
7	合計	24559	25804	29197	79560	
8						

ヒント：E4 のセルに入力する計算式は，E3 からコピーする。

3.3.5 絶対参照

　数式をコピーすると，セルの相対的な位置関係で数式の中のセル名が自動的に変更されることを説明しました。それでは，計算式の中でセル名を変更したくない場合はどうでしょうか。式の中で，位置関係に関わりなく固定したセルを指定するには，絶対参照を指定します。

◇ **解説 3-4　絶対参照とは**

　　例：E2 のセルに　金額構成比=金額÷金額合計　を表す　=D2/D7 という計算式が入っている。

　　　E3，E4，E5，E6 にも同様の式を入力したい場合。

　　　ここで，合計金額は，各行にあるのではなく，固定の位置（D7）にあることに注意。

	E2	▼	f_x	=D2/D7	
	A	B	C	D	E	F
1	商品	単価	数量	金額	金額比率	
2	ガム	70	30	2100	0.3	
3	飴	100	15	1500		
4	チョコレート	100	12	1200		
5	パイ	200	5	1000		
6	クッキー	150	8	1200		
7	合計	70	7000			

　　　金額構成比 = 金額 / 合計金額

　　　金額構成比 = 金額 / 合計金額

◆ セル C2 には以下の式が入力されている。

　　　E2 の値 ＝ D2 の値 / D7 の値

　オートフィルを使用すれば，C3 には以下のような式が入力される。

　　　E3 の値 ＝ D3 の値 / D8 の値　→ 合計金額は D8 にはない。→ D7 を固定にしたい。

◆ Excel では，コピーを行うと，入力されている式の位置関係にあわせて式が自動的に変化するため，固定したい D7 のセルも変化してしまう。そこで，コピーしても D7 に固定としたいときには，式を入力するときに**絶対参照**の指定を行う。

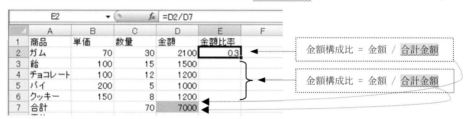

縦方向にコピー
D7 が変更される

　　= D2 / D7 ┈ D2 / $D$7
　　= D3 / D8 ┈ D3 / $D$7
　　= D4 / D9 ┈ D4 / $D$7
　　= D5 / D10 ┈ D5 / $D$7
　　= D6 / D11 ┈ D6 / $D$7

D7 を固定したい
↓（絶対参照にする）

・絶対参照を行うには，固定したい行番号，列番号の前に「$」をつけて指定する。

　「$」のつけられた列番号や行番号は，鎖の巻かれた状態，すなわち固定状態となる。計算式を列方向，行方向にコピーした場合を考慮し，列番号，行番号のどちらかだけを固定にすることもある。

・絶対参照の入力は，該当のセル名称を入力したところで $\boxed{F4}$ キーを押す。
セル名称の行番号と列番号に「$」が挿入される。$\boxed{F4}$ キーを何度か押すと，「$」の挿入される位置が変わるので，固定したい部分のみに「$」を表示させる。

例： =D2 / D7 と入力し，$\boxed{F4}$ キーを押す。 ➡ = D2 / $D$7 と変わる。（行・列を固定）

　　　もう一度 $\boxed{F4}$ キーを押す。 ➡ = D2 / D$7 と変わる。（行のみを固定）

　　　もう一度 $\boxed{F4}$ キーを押す。 ➡ = D2 / $D7 と変わる。（列のみを固定）

　　　もう一度 $\boxed{F4}$ キーを押す。 ➡ = D2 / D7 と変わる。（固定しない）

　　　もう一度 $\boxed{F4}$ キーを押す。 ➡ = D2 / $D$7 と変わる。

絶対参照の指定を行った後は，連続したセルへの式のコピーができます。

◆ 操作 3-29 絶対参照の計算式入力とコピー

例：解説 3-4 の例を実現する。
① 式を入力するセルをクリックする。
　例： E2 をクリックする。
② 通常の式を入力していき，絶対指定したいセル名称にカーソルを位置づけ，$\boxed{F4}$ キーを押す。
　例： D7 を入力した後，$\boxed{F4}$ キーを押す。「= D2 / $D$7」と表示された状態とする。
③ $\boxed{Enter}$ キーを押す。
④ セルをオートフィルでコピーする。
　例： E2 をクリックして，アクティブセルとし，E3 から E6 のセルにコピーする。

計算式は，コピーすることを前提に作成します。絶対参照は，同じ処理を行う計算式をコピーして再利用するための，とても重要な機能です。しっかり理解し，使いこなしてください。

3.4 表の編集

3.4.1 配置の変更

通常，文字はセル内に左詰めで表示され，数値は右詰めで表示されます。配置の各種コマンドを使用して，その配置を変更することができます。

◆ 操作 3-30 配置の変更

配置の変更を行いたいセルをアクティブにし，[ホーム]タブの[配置]グループの該当ボタンをクリックする。

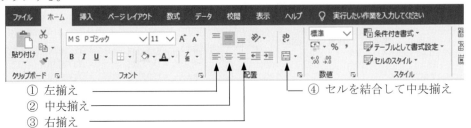

① 左揃え
② 中央揃え
③ 右揃え
④ セルを結合して中央揃え

注： ボタンをクリックすると，選択されたボタンがグレーに変わる。設定を解除するには，再度ボタンをクリックして解除する。また，別のボタンをクリックすれば，そのボタンがグレーになり，前のボタンは自動的に解除される。

(1) セルの中央揃え

見出しのセルなどを中央揃にする場合などに使用します。

◆ **操作 3-31 セルの中央揃え** ―――――――――――――――――――

① 中央揃えにしたいセルを選択する。

② ［ホーム］タブの［配置］グループの［中央揃え］ボタンをクリックする。セルは中央揃えとなり，ボタンはグレーに変わる。

 注：同じボタンを再度クリックすると，中央揃えが解除され，ボタンの色も元に戻る。

---

(2) セルを結合して中央揃え

表題を表の中央にレイアウトする場合などに使用します。

◆ **操作 3-32 セルを結合して中央揃 (図 3.22 参照)** ―――――――――

① 表題を，表の上の左端のセルに入力する。

 表の上部に空いた行がない場合には1行目の前に行を挿入する（操作 3-25 参照）

 注：結合するセルのどこに入力してもよいが，複数のセルに入力されている場合には，左端のセルの内容が優先される。

② 結合したいセルとして表の幅分のセルをドラッグして選択する。

③ ［ホーム］タブの［配置］グループの［結合して中央揃え］ボタンをクリックする。。

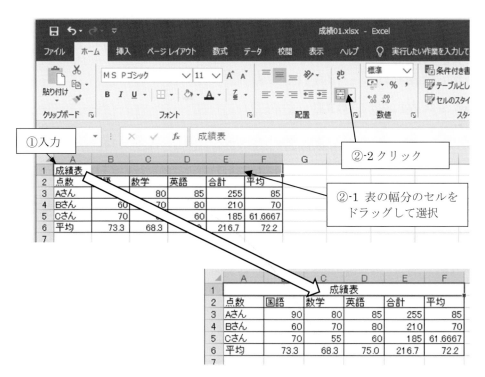

図 3.22　セルを結合して中央揃

3.4.2　数値の書式設定

数値に¥，％，カンマ区切りを表示するには，数値の表示形式を設定します。

◆ 操作 3-33　数値の書式設定

数値の書式設定を行いたいセルをアクティブにし，[ホーム]タブの[数値]グループの該当ボタンをクリックする。

① 通貨スタイル
② パーセントスタイル
③ 桁区切りスタイル
④ 小数点表示桁上げ
⑤ 小数点表示桁下げ

　注：④，⑤のボタンは，クリックした回数に応じて 1 桁ずつ桁上げ，桁下げを行う。

3.4.3　文字の書式設定

文字や数字の大きさ，書体，色の変更や，太字，斜体，下線を指定たデータの強調をすることができます。文字書式は，セルを選択してセル全体に指定することも，セルの中の文字を選択してセルの一部に対して指定することもできます。

(3)　文字の大きさの変更

文字の大きさのことを**フォントサイズ**といいます。

◆ 操作 3-34　フォントサイズの変更

① フォントサイズの変更を行いたい文字を選択する。
　注：セルの一部の文字を変更する場合には，セルを選択してから，数式バーに表示された文字の一部をドラッグして選択する。
② [ホーム]タブの[フォント]グループの[フォントサイズ]ボックスの右側の下向き三角ボタン▼をクリックし，表示されたサイズ一覧の中から指定したいサイズ（ポイント数）を選択しクリックする。
　注：標準で設定されている文字の大きさは 11 ポイント。指定したい大きさが，一覧の中にない場合は，ボックスの中に直接数字を入力する。

---

(4)　書体の変更

文字の書体のことを**フォント**といいます。

◆ 操作 3-35　フォントの変更

① フォントの変更を行いたい文字を選択する。
② [ホーム]タブの[フォント]グループの[フォント]ボックスの右側にある下向きの三角ボタン▼をクリックし，表示されたフォント一覧の中から指定したいフォントを選択する。

---

(5) 太字，斜体，下線の設定

　文字を強調，区別するために太字，斜体，下線の設定を行います。

◆ **操作 3-36　文字の設定変更の操作**

① 設定変更を行いたい文字を選択し，[ホーム]タブの[フォント]グループの該当ボタンをクリックする。

　注：ボタンをクリックすると，選択されたボタンがオレンジ色に変わる。設定を解除するには再度ボタンをクリックして解除する。ボタンの右側に下向き三角ボタン▼がある場合，これをクリックし，表示された選択肢からクリックする

3.4.4　罫線と色の設定

(1) 罫線を引く

　セルとセルの区切りにグレーの線が表示されていますが，この線はセルを見やすくするためのものです。表にメリハリをつけるためには罫線を引く必要があります。罫線の設定も，ホームリボンを使用します。細かい罫線の設定は，計算式などをすべて入力してから行いますが，ここでは簡単な格子状の罫線を引く方法を紹介します。

◆ **操作 3-37　罫線の設定（図 3.23 参照）**

① 罫線の設定を行いたいセルを選択する。
② [ホーム]タブの[フォント]グループの[罫線]ボタンの右側にある下向き三角ボタン▼をクリックし，表示された罫線パターンの中から[格子] ⊞ を選択しクリックする。

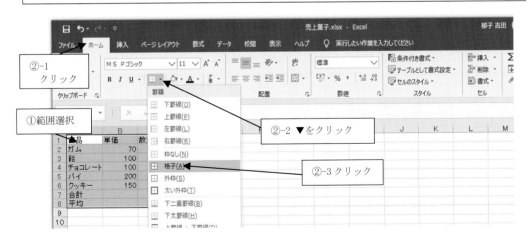

図 3.23　罫線を引く

(2) 色を設定する

セルに色をつけることができます。

─── ◆ 操作 3-38 色の設定 ───

① 色の設定を行いたいセルを選択する。
② [ホーム]タブの[フォント]グループの[塗りつぶしの色]ボタンの右側にある下向き三角ボタン▼をクリックし，表示されたカラーパレットの中から，指定したい色を選択しクリックする。

3.4.5 列の幅と高さの変更

列の幅や行の高さは，簡単に変更することができます。ただし，行の高さは，フォントサイズを変更すると，そのフォントが入る高さに自動的に変更してくれますので，特に変更する必要はありません。逆にいったん変更を加えてしまうと，自動変更は行われなくなりますので注意してください。ここでは列幅の変更を説明します。

─── ◆ 操作 3-39 列の幅の設定 ───

① 列幅を広げたい列の列番号と右隣の列番号の境界線上にマウスポインタを位置づける。マウスポインタの形が ✛ に変わるのを確認する。
② マウスをドラッグして広げたい位置で離す。

	A ✛····▶	C	
1	商品	単価	数量
2	鉛筆	70	30

複数列を選択した場合，選択したどれかの列幅を変更すれば，すべて同じ幅に変更される。

─── ● 演習 3-10 表の編集 ───

演習 3-8 で修正した '売上表' に対し，以下の操作を行い，上書き保存せよ。
・1行目の項目名を中央揃えにし，セルの色を設定せよ。
・F列の平均の値を小数1桁までの表示に変更せよ。
・A列の支店名のフォントサイズを 12 ポイントとし，フォントを MS 明朝とせよ。
・データの入っている A1 から F7 までのセルに罫線を引け。

	A	B	C	D	E	F	G
1	支店名	4月	5月	6月	合計	平均	
2	六本木	4698	4677	5067	14442	4814.0	
3	渋谷	3245	3548	4213	11006	3668.7	
4	池袋	5000	6000	7000	18000	6000.0	
5	赤坂	4858	4759	5235	14852	4950.7	
6	新宿	6758	6820	7682	21260	7086.7	
7	合計	24559	25804	29197	79560	26520.0	
8							

─── ● 演習 3-11 表の作成と編集 ───

'成績表' を新たに作成して演習 1-5 で作成した '3Excel 編' フォルダの中に保存せよ。
・以下のようにデータを入力し，科目ごとの平均，学生ごとの合計と平均を計算せよ。
・あらかじめ，格子状に線を引き，見やすくしておくこと。

	A	B	C	D	E	F	G
1	点数	国語	数学	英語	合計	平均	
2	Aさん	90	80	85			
3	Bさん	60	70	80			
4	Cさん	70	55	60			
5	平均						
6							
7							

3.5 関数の活用

3.5.1 関数とは

3.3.3 で合計ボタンを使用した簡略化された関数の使用方法を紹介しましたが，ここでは，一般的な関数の使用方法を学びます。まず，関数とは何かを確認しておきましょう。

◇ 解説 3-5 関数とは

関数とは，EXCEL にあらかじめ用意された数式。たとえば，合計を計算する関数は SUM，平均を計算する関数は AVERAGE というように，それぞれの関数の機能が決まっている。

● 関数の形式

=関数名（引数 1, 引数 2, 引数 3, …）

● 「引数」とは

関数を利用するために必要な情報のことである。たとえば，SUM 関数や AVERAGE 関数で計算の指示をするには，合計，平均を求める「範囲」を指定しなければならない。

引数の内容，個数，指定する順序などは，それぞれの関数によって決まっており（関数の仕様という），仕様どおりに指定しなければならない。行いたい操作について，どんな情報が必要かを思い浮かべておくと，わかりやすい。

例：四捨五入したい。「四捨五入」という関数を使用すると考えると，この指示を行うにあたり，必要な情報は，「どの数値を四捨五入するか」「どの位置（ex.小数以下 1 位）で四捨五入するか」の 2 つ。従って，「四捨五入」関数は以下のようになる。

=四捨五入（四捨五入する値，どの位置で四捨五入するか）

実際には， =ROUND(四捨五入の対象となる数値，四捨五入する桁数) である。

例：いくつかの値の中で，何番目にあたるかの順位付けをしたい。「順位」という関数を使用すると考えると，この指示を行うにあたり，必要な情報は，「どの値を評価するか」「どの値の中で（全体の値）」「大きい順にするか，小さい順にするか」の 3 つ。従って，「順位」関数は以下のようになる。

=順位（順位を評価する値，全体の値の範囲，大きい順にするか・小さい順にするか）

実際には， =RANK(調べたい数値，数値を含む範囲，降順昇順か) である。

関数の細かい仕様は，ヘルプを参照するか，[関数の引数]ダイアログボックスで表示される指示に従うことになるが，こうしたイメージを持って関数を使用すると，理解しやすい。

3.5.2 関数の基本的な入力方法

関数ボックスを使用した，基本的な関数の使用方法を，演習 3-10 のデータを用いて，ROUND 関数を使用して確認していきましょう。

◆ 操作 3-40 ROUND 関数（四捨五入）

例：B6 のセルに，B5 のセル値を小数 2 桁で四捨五入して小数 1 桁とした結果を表示する場合。

	A	B	C	D	E	F	G
1	点数	国語	数学	英語	合計	平均	
2	Aさん	90	80	85	255	85	
3	Bさん	60	70	80	210	70	
4	Cさん	70	55	60	185	61.6667	
5	平均	73.3333	68.3333	75	216.667	72.2222	
6							

ROUND 関数は， =ROUND（セル または 値,桁数） で定義する。

→ B6 のセルに = ROUND（B5,1）と入力する。

　　2つ目の引数は結果の桁数。小数以下2桁目で四捨五入し，結果として少数以下1桁となる。
　注：結果は，表示だけではなく，データ自身が変更されている。書式設定で少数以下の桁数
　　　を増やしても，変化しない。

① 式を入力したいセルをクリックする。
　例：　B7 をクリックする。
② 数式バーの**関数の挿入** 𝑓ₓ **ボタン**をクリックする。[**関数の挿入**]**ダイアログボックス**が表
　示される（図 3.24 参照）。
③ [**関数名**]の欄に，最近使用した関数名の一覧が表示される。その中に ROUND が存在する
　場合には，クリックして選択し，[**OK**]**ボタン**をクリックする。
③' 一覧の中に ROUND 関数が存在しないときには，[**関数の分類**]の欄の右の下向き三角ボタ
　ン▼をクリックし，[**すべて表示**]を選択する。
　　[**関数名**]の欄に表示された関数一覧から選択し，[**OK**]**ボタン**をクリックする。
　注：関数名はアルファベット順に並んでいる。表示されていない関数名は，スクロールして
　　　表示させるが，関数名のどれかをクリックし，日本語入力がオフの状態でキーボードから
　　　先頭文字を入力すると，その文字が先頭につく関数が表示される。
　　　　（ex. R と入力すると R のつく関数名が表示されるので，そこからスクロールして
　　　ROUND を探す）
④ ROUND 関数の[**関数の引数**]**ダイアログボックス**が表示される（図 3.25 参照）。
　　数値1の欄をクリックし，四捨五入したい数値，計算式等を入力する。（今回は，B6 セルの
　データを指定する。）**数値2**の欄をクリックし，桁数を入力する。（今回は，1 を指定する。）
　注：表の内容が隠れる場合には，[**関数の引数**]**ダイアログボックス**を移動して操作を行う。
⑤ [**OK**]**ボタン**をクリックする。

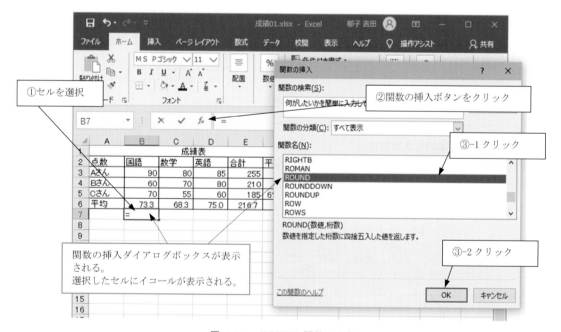

図 3.24　ROUND 関数の入力-1

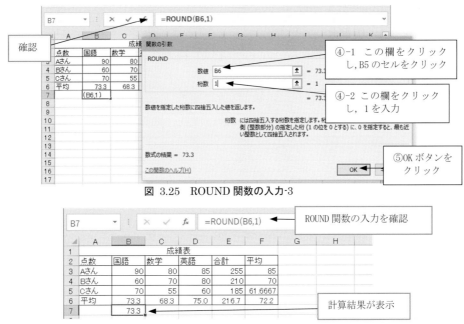

図 3.25　ROUND 関数の入力-3

図 3.26　ROUND 関数の入力-4

(1) 数値を処理する関数

四捨五入のほかに，計算結果の小数点以下の表示桁数を調整するための「切り捨て」，「切り上げ」などの端数を処理する関数の操作方法はすべて同じです。

◆ 操作 3-41　ROUNDUP 関数（切り上げ）

例：B8 のセルに，平均 B6 のセルを切り上げして小数 1 桁表示とする場合（小数 2 桁以下を切り上げ）

ROUNDUP 関数は，　| =ROUNDUP（セル または 値,桁数） |　で定義する。

→　B8 のセルに　= ROUNDUP（B6,1）と入力する。

操作 3-38 と同様の手順で入力する。

◆ 操作 3-42　ROUNDDOWN 関数（切り捨て）

例：B9 のセルに，平均 B6 のセルを切り捨てして小数 1 桁表示とする場合（小数 2 桁以下を切り捨て）

ROUNDDOWN 関数は，　| =ROUNDDOWN（セル または 値,桁数） |　で定義する。

→　B9 のセルに　= ROUNDDOWN(B6,1）と入力する。

操作 3-38 と同様の手順で入力する。

---

(2) IF 関数

「セルの値がある条件を満たしているかを判定し，満たす時には～を，そうでなければ～をする」というように，セルの値に応じて，処理内容を変えたいことがあります。こういう場合には，処理の分岐を設定する IF 関数を使用します。

(a) 条件が1つの場合のIF関数

◇ **解説 3-6　IF関数**

例： G3のセルに評価結果を入力する。F3の平均が75点以上ならばAを，そうでないときはBをセットする場合。

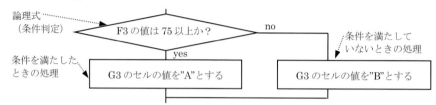

▲	A	B	C	D	E	F	G
1				成績表			
2	点数	国語	数学	英語	合計	平均	評価
3	Aさん	90	80	85	255	85	=
4	Bさん	60	70	80	210	70	
5	Cさん	70	55	60	185	61.6667	
6	平均	73.3333	68.3333	75	216.667	72.2222	

F3の値に応じて結果が変わる

IF関数は，　=IF(論理式,真の場合の処理,偽の場合の処理)　で定義する。

今回の例では，Aさんの評価を設定するG3のセルについてみると，「F3が75以上のとき，G3のセルに"A"を設定する，そうでないときG3のセルに"B"を設定する」。下図のような処理をすることになる。

```
論理式
（条件判定）        F3の値は75以上か？        no

                      yes                          条件を満たして
条件を満たした                                    いないときの処理
ときの処理    G3のセルの値を"A"とする      G3のセルの値を"B"とする
```

これをIF関数で表現すると，　IF(F3>=75,"A","B")　となる。

注： 論理式では，比較を行うための比較演算子として以下のものを使用する。

比較演算子	内容
=	左辺と右辺が等しい
>	左辺が右辺よりも大きい
<	左辺が右辺よりも小さい
>=	左辺が右辺以上である
<=	左辺が右辺以下である
<>	左辺と右辺が等しくない

関数ボックスを使用した定義の仕方を説明しましょう。

◆ **操作 3-43　IF関数**

①式を入力したいセルをクリックし，アクティブにする。

　例： G3をクリックする。

②[関数の挿入]ボタン *fx* をクリックする。[関数の挿入]ダイアログボックスが表示される（図3.27参照）。

③操作3-40の③，③'の要領でIF関数を選択，[OK]ボタンをクリックする。

④IF関数の[関数の引数]ダイアログボックスが表示される（図3.28参照）。[論理式]の欄に条件式を入力し，次に[真の場合]の欄に条件を満たすときの処理を，[偽の場合]の欄に条件を満たさない時の処理を記述し，[OK]ボタンをクリックする。

　例：[論理式]→F3>=75　と入力，[真の場合]→Aと入力，[偽の場合]→Bと入力。文字を入力すると，次の処理をした時に自動的にダブルクォーテーション""が表示される。

⑤数式が入力され，結果が表示される（図3.29参照）。

⑥G3の式をG4からG5にコピーする（図3.30参照）。

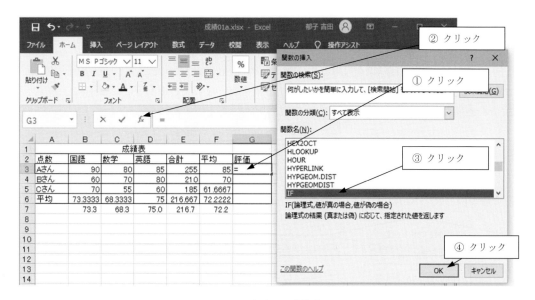

図 3.27 数式の編集指定

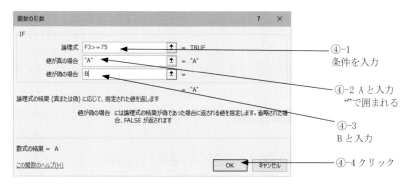

図 3.28 IF 関数の条件指定

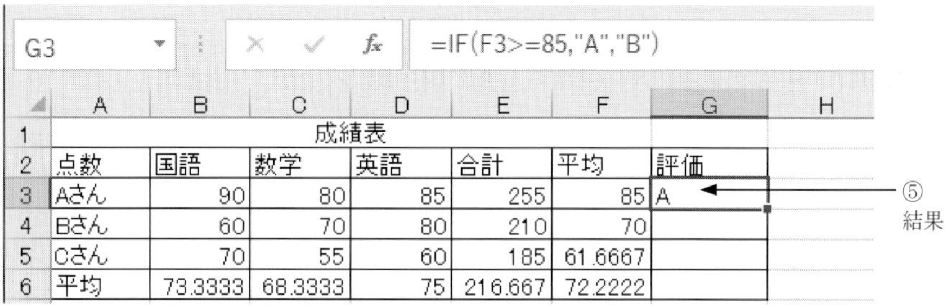

図 3.29 IF 関数の結果表示

図 3.30 IF 関数のコピーによる結果表示

(b) 条件が2つ以上の場合のIF関数

◇ **解説 3-7　複合 IF 関数**

例：　H3 のセルに評価結果を入力する。F3 の平均が 80 点以上ならば A を，それ以外（80 点未満）で 70 点以上ならば B を，それ以外（70 点未満）ならば C をセットする場合。

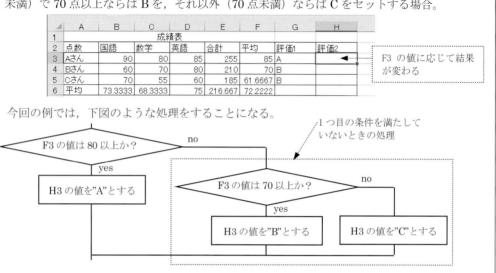

今回の例では，下図のような処理をすることになる。

これを IF 関数で表現すると，　IF(F3>=75,"A",IF(F3>=70,"B","C"))　となる。

関数ボックスを使用した定義の仕方を説明しましょう。

◆ **操作 3-44　複合 IF 関数**

① 式を入力したいセル H3 をクリックし，アクティブにし，操作 3-43 の①～③のを行う。

② IF 関数の[**関数の引数**]ダイアログボックスが表示され（図 3.31 参照），論理式の欄に 1 つ目の条件式「F3>=80」を入力する。次に，真の場合の欄に A を入力し，偽の場合の欄をクリックしてカーソルを表示させた後，名前ボックスに表示されている IF をクリックする。

注：ここで入力途中の IF 関数の[**関数の引数**]ダイアログボックスは一時的に見えなくなる。

③ 新しい IF 関数の[**関数の引数**]ダイアログボックスが表示される。論理式の欄に条件式「F3>=70」を入力する。次に，真の場合の欄に B を入力し，偽の場合の欄に C を入力し，[OK]ボタンをクリックする（図 3.32 参照）。

④ 数式が入力され，H2 に結果が表示される（図 3.33 参照）。F2 の式を H3～H4 にコピーする。

注：　カーソルを H2 に位置付け，数式バーに表示された関数式を確認すること。

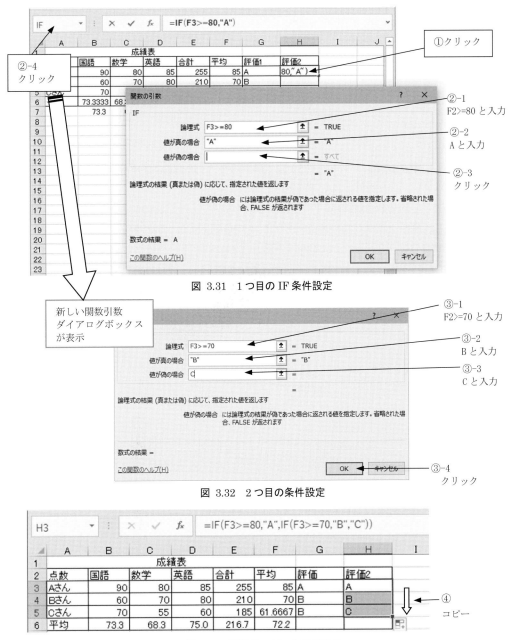

図 3.31 1つ目の IF 条件設定

図 3.32 2つ目の条件設定

図 3.33 関数のコピーと結果表示

(3) 順位付けをする関数

四捨五入のほかに，計算結果の小数点以下の表示桁数を調整するための「切り捨て」，「切り上げ」などの端数を処理する関数の操作方法はすべて同じです。

◆ 操作 3-45 RANK 関数 (順位付け)

例： G3 のセルに，受験者の中で平均点が何番目に高いかの順位を入力する。

RANK関数は，　┌─────────────────┐で定義する。
　　　　　　　　│=RANK（数値 , 参照 , 順序）│
　　　　　　　　└─────────────────┘
・数値とは，評価する値 F3 を指す。

・参照は，全体の数値の入っている場所 F3〜F5 を指し，この場所を絶対参照とする。

・順序は，降順ならば 0 か省略する。昇順ならば 0 以外の数値を指定。

　→　G3 のセルに　　＝RANK（F3,$F$3:$F$5,0）と入力する。

①式を入力したいセルをクリックし，アクティブにする。

　例：　G3 をクリックする。

②[関数の挿入]ボタン f_x をクリックする。[関数の挿入]ダイアログボックスが表示される。

③操作 3-40 の③，③'の要領で RANK 関数を選択，[OK]ボタンをクリックする。

④RANK 関数の[関数の引数]ダイアログボックスが表示され（図 3.34 参照），[数値]の欄を
　クリックし，順位を評価したい値を入力するか，値の入っているセルをクリックする。

　次に，[参照]の欄をクリックし，順位を評価するもとになる全体のセルを選択する。

　そして，[順序]の欄をクリックし，降順か昇順かを指定し，[OK]ボタンをクリックする。

　例：[数値]　→F3　と入力

　　　[参照]→F3〜F5 をドラッグ（F3:F5 と表示），

　　　　　　　F4 キーを押し，絶対参照指定する（$F$3:$F$5 と表示）。

　　　[順序]　→0 を入力，または省略。

　注：それぞれの欄をクリックすると，入力についての解説が表示される。それでも入力方法
　　　がわからない時には，ヘルプを利用する。

⑤数式が入力され，結果が表示される。

⑥G3 の式を G3 から G5 にコピーする。

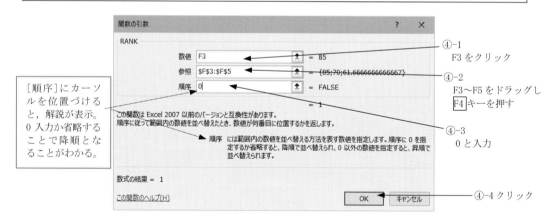

図 3.34　RANK 関数の引数ダイアログボックス

3.6 グラフ作成機能

3.6.1 基本的なグラフの作成

ワークシートのデータに基づいて，簡単にグラフを作成することができます。Excel で作成でき
るグラフの種類を表 3.2 に示します。それぞれのグラフの特徴を理解して最適なグラフを作成しま
しょう。

表 3.2 グラフの種類

グラフ名	特徴
縦棒グラフ	一定期間の数値の変化や項目間の比較を示す。
横棒グラフ	各項目間の比較を示す。
折れ線グラフ	一定期間のデータの傾向を示す。
円グラフ	データ系列の各項目の比率を示す。
散布図	複数のデータ系列の数値間の関係を示す。
面グラフ	変化の量を強調して示す。
ドーナツグラフ	円グラフと同様。複数のデータ系列を表示することもできる。
レーダーチャート	複数のデータ系列を総合して比較を示す。
等高線グラフ	2 組のデータの組み合わせを示す。
バブルチャート	散布図の 1 つで，3 組のデータ間の関係を示す。
株価チャート	株価の高値，安値，終値の変動を示す。

グラフは，論文やプレゼンテーションに使用する機会が多いものです。情報を見やすいグラフに
加工して提供することが求められます。それでは，グラフの作成手順を整理しておきましょう。

◇ **解説 3-8 グラフ作成・編集の手順**

◆ グラフ作成

① グラフ作成

グラフ作成対象となるデータを正確に選択し，グラフ作成指示を行う。

② グラフの行・列の切り替え

作成されたグラフは，対象となる行列のデータの数により項目軸，凡例に割当てられるので，
表現したい内容に応じて行・列を切り替える。

③ 大きさや位置を調整

図形の編集と同様の方法で，グラフの大きさや位置を変更する。

◆ グラフの詳細編集

思い通りのグラフに編集するための操作を行う。

● 個別要素の追加と編集

1) グラフ要素の追加

グラフに表示するラベルやデータなどの構成要素を追加する

2) 要素ごとの書式設定

グラフの構成要素を選択し，各要素に書式を指定する

● 準備されたスタイルの適用

・ クイックレイアウトを使用する方法

・ グラフスタイルボタンを使用する方法

(1) グラフの作成

グラフ作成には，グラフに参加させたいデータを過不足なく正確に選択することが重要です。そうすれば，あとはグラフの種類を指定するだけで基本的なグラフはできあがります。この選択方法について解説しておきましょう。

◇ 解説 3-9 グラフとデータの選択

作成したいグラフのイメージを確認する。以下のようなグラフを作成したい場合

① 項目軸に表示された項目を確認する。

　　例では 国語，数学，英語 となる。この項目をグラフのもとになる表で選択する。

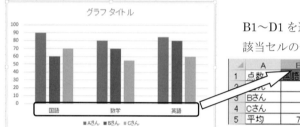

B1～D1 を選択。

該当セルの色を変えるとわかりやすい。

② 凡例に表示された系列を確認する。

　　例では Aさん，Bさん，Cさん となる。この項目をグラフのもとになる表で選択する。

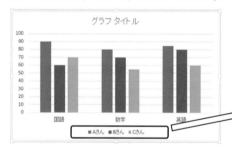

A2～A4 を選択。

該当セルの色を変えるとわかりやすい。

③ ①，②で選択した範囲の交差するデータ部分を選択する。

　　この場合，B2～D4 となる。

点数	国語	数学	英語	合計	平均
Aさん	90	80	85	255	85
Bさん	60	70	80	210	70
Cさん	70	55	60	185	61.6667
平均	73.3	68.3	75.0	216.7	72.2

④ ①，②，③の範囲を含んだ範囲を長方形に選択する。

　　セル範囲の選択は，必ず長方形となるように行う。ここでは，A1 のセルはグラフに必要ではないが，長方形に選択しようとすると，範囲に含まれることになる。

　　したがってこの場合，A1～D4 を選択する。

点数	国語	数学	英語	合計	平均
Aさん	90	80	85	255	85
Bさん	60	70	80	210	70
Cさん	70	55	60	185	61.6667
平均	73.3	68.3	75.0	216.7	72.2

注：この方法で範囲選択ができれば，ほとんど問題なくグラフを作成することができる。

選択する範囲が離れているときには，Ctrl キーを押しながらドラッグする。

◆ **操作 3-46 グラフの作成（グラフの種類を指定）（図 3.35 参照）**

例：2D 縦棒グラフを用いて，国語，数学，英語の点数を，A さん，B さん，C さんで比較

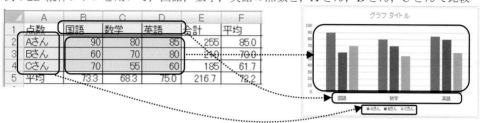

① グラフ作成に必要なデータ（比較する点数の入ったセルと，各項目のタイトルとなる科目と系列となる名前の入ったセル）を選択し，アクティブにする（解説 3-9 参照）。

例： A1 から D4 までをドラッグして，アクティブにする。

② [挿入]タブをクリックし，[グラフ]グループの[縦棒/横棒グラフの挿入]ボタンをクリックする。

縦棒の種類が表示される。マウスポインタをポイントし，内容や用途を確認してからクリックする。今回は，2D 縦棒の左端の集合縦棒をクリックする。

③ グラフが作成される（図 3.36 参照）。

注： グラフ作成範囲のデータの行と列のうち，数の多いほうが項目軸ラベルに設定され，数の少ないほうが凡例項目に設定される。

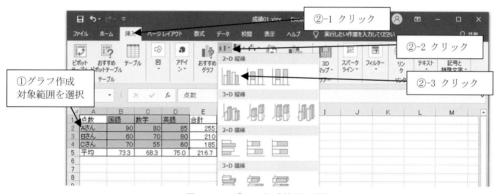

図 3.35　グラフ作成範囲の選択

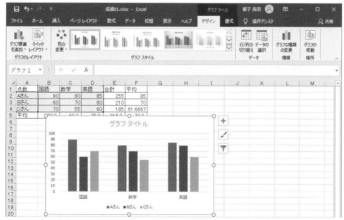

図 3.36　グラフの作成

グラフが作成されると，グラフ編集のためのリボンが追加されます。

◇ 解説 3-10　リボンへのグラフツールの追加

グラフが作成され，選択されている状態では，[**グラフツール**]としてリボンに，[**デザイン**]タブ，[**書式**]タブの2つのタブが追加され，当初はデザインタブが選択されている。これらのタブは，グラフ以外が選択されている時には表示されず，グラフが選択されると表示される。このリボンを使用して，さまざまなグラフの編集を行うことができる。

---

(2) 行／列の切り替え

グラフ作成時に何も指定しなければ，作成範囲のデータの行と列のうち，項目数の多いほうが項目軸ラベルに設定され，数の少ないほうが凡例項目に設定されます。目的に応じて作成済みのグラフの行列を切り替えることができます。

最初に作成したグラフは，3科目の点数を，Aさん，Bさん，Cさんで比較したものでしたが，行と列を切り替え，各人の点数を，科目間で比較をするグラフに変更してみましょう。

◆ 操作 3-47　グラフ系列の行列の切り替え（図3.37参照）

例：2D縦棒グラフで，Aさん，Bさん，Cさんの点数を科目ごとに比較するように変更
① グラフの内側をクリックする。
② リボンに追加表示された[**デザイン**]タブの[**データ**]グループの[**行／列の切り替え**]ボタンをクリックする。

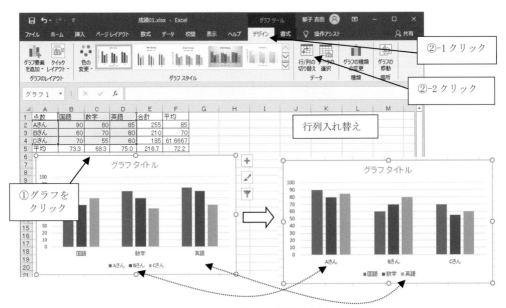

図 3.37　グラフの行列の変更

(3) グラフの移動

グラフは図形と同様にマウス操作で簡単に移動することができます。

◆ 操作 3-48 グラフの移動

① グラフエリアを選択する（グラフの内側をクリック）。

② マウスの形が ✛ となるのを確認し，ドラッグして移動したい場所で離す。

---

(4) グラフの大きさの変更

図形と同様にマウス操作で変更することができます。

◆ 操作 3-49 グラフの大きさの変更

① グラフエリアを選択する。

② グラフエリアの**サイズ変更ハンドル**をポイントする。マウスポインタの形が上下，左右，斜め方向の矢印に変わったら，大きさを変えたい方向にドラッグする。

3.6.2 グラフの編集

グラフは，論文やプレゼンテーションでも使用する機会が多いものです。自分のイメージ通りの形に編集できるようにしておきましょう。

グラフの編集は，グラフを構成する要素に対して行うことができますが，編集対象になるグラフ要素がない場合には，要素を追加した後で編集を行います。

グラフを構成する要素の解説をします。

◇ 解説 3-11 グラフを構成する要素とその選択

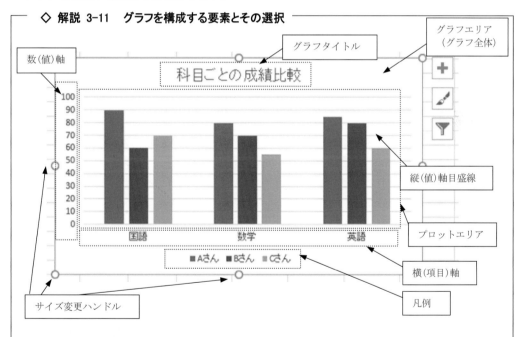

● グラフエリアの選択と解除

グラフを作成すると，グラフの周りに囲みが表示される。これは**グラフエリア**（グラフ全体）が選択されている状態を示している。囲みの上下左右，四隅には，**サイズ変更ハンドル**が表示される。グラフエリア以外の場所やセルをクリックすると，グラフエリアの選択は解除される。

● 各構成要素の選択

・ マウスで選択する方法

グラフエリアが選択された状態で，グラフの各要素の上をマウスでポイントすると，ポップアップで要素名が表示される。この名称を確認し，その場所をクリックする。グラフ要素を直接クリックするので，直感的にわかりやすい。

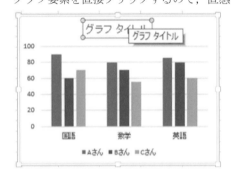
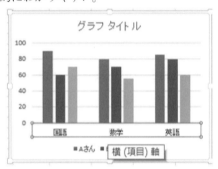

・ リボンを利用する方法

グラフエリアが選択された状態で，リボンに表示された[書式]タブの[現在の選択範囲]グループの上にある[グラフの要素]の右の ∨ をクリックし，表示されたメニューから，選択したい要素をクリックする。

マウスで選択しにくい項目の選択に便利。

どちらの方法で選択しても，選択された要素には枠が表示され，[現在の選択範囲]には選択された要素名が表示される。

(1) グラフ要素の追加

作成したグラフに，軸ラベルやデータラベルなどの新たな構成要素を追加します。

--- ◆ 操作 3-50　軸ラベルの追加（図 3.38 参照）---

例：グラフの縦軸に軸ラベルを追加し，「点数」と表示

① グラフを選択する（グラフの内側をクリックする）。

② 表示された[デザイン]タブの[グラフのレイアウト]グループの[グラフ要素を追加]ボタンをクリックする。表示されたメニューの中から[軸ラベル]，[第1縦軸]とクリックする。

③ 縦軸ラベルが表示される。クリックしてカーソルを表示し，「点数」と入力する。

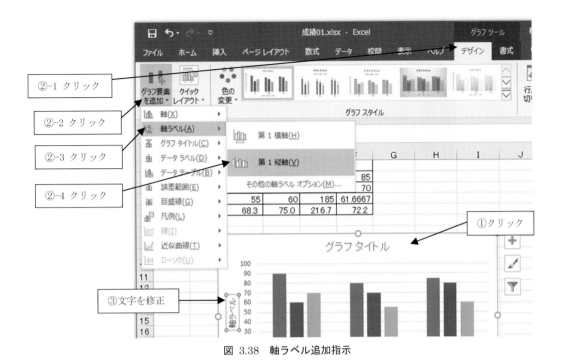

図 3.38　軸ラベル追加指示

同じ操作を，グラフ要素ボタンを使用して行うことができます。

◇ 解説 3-12　グラフ要素ボタンの使用方法

グラフが選択されると，グラフの右上部に 3 つのボタンが表示される。一番上の[**グラフ要素**]
ボタン ボタンをクリックして［**グラフ要素一覧**］を表示させる。

・表示されているグラフ要素の確認

　［**グラフ要素一覧**］でチェックがつけられた要素が表示されている。

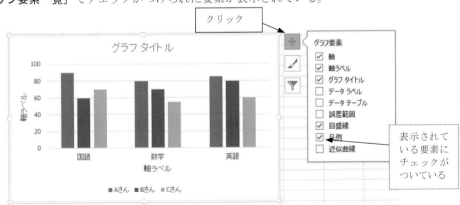

・グラフ要素の追加

　［**グラフ要素一覧**］の各要素にチェックをつけて追加する。要素名の上にマウスポインタをの
せると ▶ が表示され，クリックすると，主なオプション項目が表示されるので，詳細な追
加をすることができる。

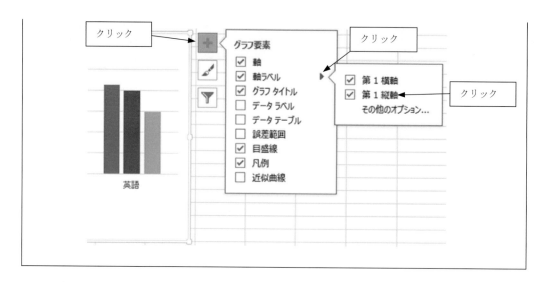

(2) グラフ要素の書式設定

　グラフに表示された各要素を選択し，（要素の選択指示は解説 3-11 参照）書式設定を行います。書式設定は，選んだ要素の上で右クリックしてショートカットメニューを表示させ，その要素の書式設定を選択することもできます。要素を選択しにくい場合には，リボンに表示された**[書式]タブ**を使用する方法もあります。

　それではまず，数値軸の目盛間隔を変更する書式設定を行ってみましょう。

(a) 数値軸の変更

　数値軸の書式の変更をとおして一般的な書式設定の方法を解説します。

> **◆ 操作 3-51 数値軸の変更**
>
> 例：　10 間隔で表示されている**数値軸**の目盛間隔を 20 に変更する場合
>
> ① 数値軸「縦(値)軸」を選択する（図 3.39 参照）。
>
> 　グラフの縦軸の数字部分にマウスポインタをのせ「縦(値)軸」の表示を確認しクリックする。
>
> 　**[書式]タブ**の**[現在の選択範囲]グループ**の上部のグラフ要素表示に「縦(値)軸」と表示されるのを確認。
>
> 　注：グラフ要素を直接選択するには解説 3-9 リボンを利用する方法を参照。
>
> ② **[書式]タブ**の**[現在の選択範囲]グループ**の **[選択対象の書式設定]**をクリックする。
>
> ③ **[軸の書式設定]作業ウィンドウ**が表示される（図 3.40 参照）。
>
> 　**[軸のオプション]**が選ばれていることを確認し，**[目盛間隔]**の**[目盛]**を 10 から 20 に変更する。数値軸の間隔が変更される。
>
> ④ 他に設定がなければ，作業ウィンドウを閉じる。

COMPUTER
& Information

培風館

新刊書・既刊書

データサイエンスリテラシー =モデルカリキュラム準拠

数理人材育成協会 編　A5・200頁・2200円

「数理・データサイエンス・AI（リテラシーレベル）モデルカリキュラム
〜データ思考の涵養」に準拠した学生および一般社会人向けの教科書・
参考書。数式や作業手順を丁寧に説明し，具体的例，また数学の基本
的な部分にも十分の紙数を使い，種々のデータサイエンス・AI教育に
も利用できるよう配慮する。

データサイエンス講座1 データサイエンス基礎

齋藤政彦・小澤誠一・羽森茂之・南知惠子 編　A5・232頁・2420円

データを適切に読み解き，分析する力を身につけることをめざした入
門書。確率と統計，機械学習等を具体的に解説し，AI技術の進展や応
用，最先端な話題も紹介する。データに関する法律にも言及。

情報入門

竹村治雄・西田知博・小野 淳・長瀧寛之・白井詩沙香 共著
B5・176頁・1980円

IoTやAI時代に必要となる知識と対応力を養うためのテキスト。情報シ
ステムの仕組みやデータベース，インターネット等の情報技術や，
Pythonによるプログラミング，関連の法律等を紹介する。Web資料有。

初歩から学ぶ 情報リテラシー

Office2019/2016 Windows10対応

吉田郁子 著　B5・224頁・2750円

主に大学におけるパソコンを使用したコンピュータリテラシー教育のためのテキスト。ベテランの著者による細部にわたる配慮と適切なアドバイスは，読者にとって最良の教本である。

情報基礎 ＝はじめて学ぶICTの世界（改訂版）

上繁義史 著　B5・168頁・1870円

情報機器，情報システム，ネットワークなどの技術的知識および情報セキュリティ，情報倫理などの生活知識を身につけるとともに，情報システムやソフトウェアの活用技術について解説する。

情報学基礎

山口和紀 監修／和泉順子・桂田浩一・児玉靖司・重定如彦・
滝本宗宏・入戸野 健 共著　B5・176頁・2530円

情報通信技術（ICT）に必要な基本的な知識を習得することを目標とした教科書。情報システム，ネットワークなどの技術から情報セキュリティ，情報倫理，IoT，人工知能などについても言及する。

論理回路入門

坂井修一 著　A5・240頁・2420円

初めてディジタル回路を学ぶ学生が，内容を順次追うことで回路を理解し，設計の基本を着実に身につけられるよう解説。クワイン・マクラスキー法，多出力回路設計法などを盛り込み，幅広い基本を網羅。

作りながら学ぶ コンピュータアーキテクチャ 改訂版

天野英晴・西村克信 共著　B5・176頁・4180円

コンピュータを実際に設計し，最終的に組込み用の簡単なプロセッサをつくることができるようになることを目標とする。実践を通しながら，ボトムアップにアーキテクチャを学べる絶好の入門書。

情報数理シリーズ

改訂新版 Fortran90/95 プログラミング

冨田博之・齋藤泰洋 共著　B5・208頁・3410円

最新規格に準拠してFortranを初歩からわかりやすく解説した，実践タイプのテキスト・演習書。初版と同様，文法記述よりもプログラムの実例を優先し，例題形式でプログラミングが身につくように配慮している。

情報システムのための 情報技術辞典

情報システムと情報技術事典編集委員会 編
B5・992頁・42900円

情報技術，あるいは情報システムはほとんどすべての人間活動に影響を与えている。本書は情報技術や情報システムに関する知識の共有を自然科学，社会科学の枠を超えて可能にすることを目指して，情報社会で交わされるきわめて重要な基本的用語を解説した辞典である。

情報システムの実際（全4巻）

情報システムと情報技術事典編集委員会 編
市民生活に密着した情報システムがどのように開発されているのか，数多くの事例をまとまった形で紹介している。

1. 官公庁・公共サービスシステム
B5・232頁・13200円

2. 商業・小売業・病院等のシステム
B5・198頁・12100円

3. 製造・建設・サービス等のシステム
B5・256頁・14300円

4. 経営実務・開発管理・研究支援システム
B5・216頁・12100円

★ 表示価格は税（10%）込みです。

培風館

東京都千代田区九段南4-3-12（郵便番号 102-8260）
振替00140-7-44725　電話03(3262)5256

〈B 2209〉

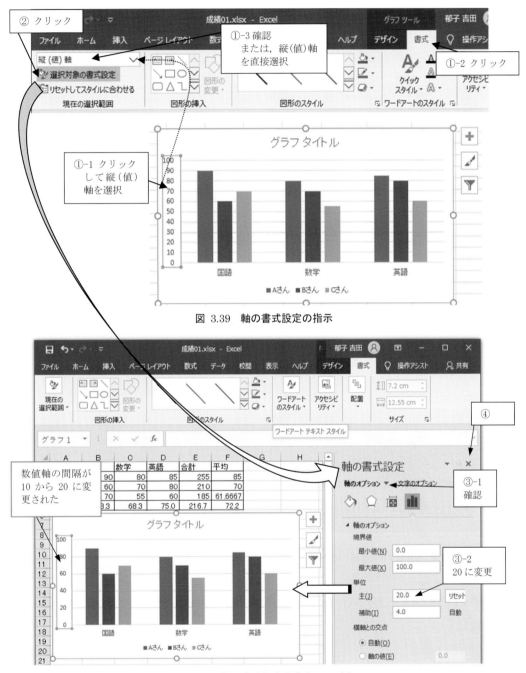

図 3.39　軸の書式設定の指示

図 3.40　軸の書式設定作業ウィンドウ

　グラフ要素の書式設定の作業ウィンドウは，どのような構成になっているのでしょうか。操作 3-51 で設定した軸の書式設定を例にとり，解説します。

― ◇ **解説 3-13　書式設定作業ウィンドウの構成** ―

ex.軸の書式設定

・設定項目に対応した画面表示

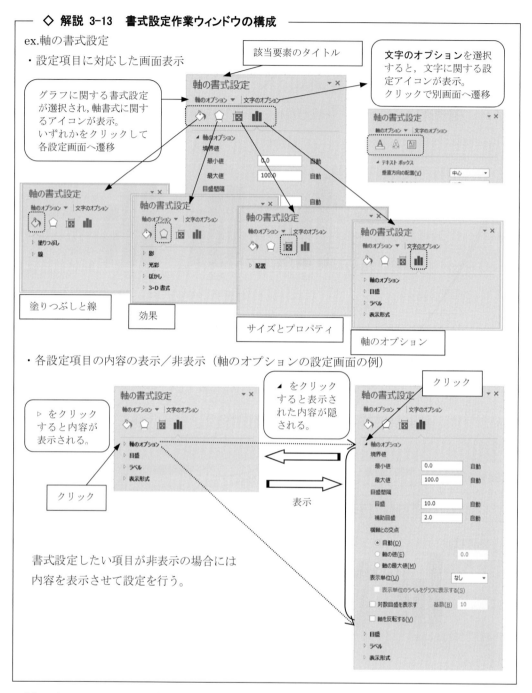

・各設定項目の内容の表示／非表示（軸のオプションの設定画面の例）

書式設定したい項目が非表示の場合には
内容を表示させて設定を行う。

(b)　グラフタイトルの編集

グラフタイトルの書式を変更してみましょう。

― ◆ **操作 3-52　グラフタイトルの変更（図 3.41 参照）** ―

例：グラフタイトルに枠線をつける。

① グラフタイトルを選択する。このとき［書式］タブの［現在の選択範囲］グループの上部に「グ
　ラフタイトル」と表示されているのを確認する。

② ［書式］タブの［現在の選択範囲］グループの［選択対象の書式設定］をクリックする。

③ [グラフタイトルの書式設定] 作業ウィンドウが表示される。[枠線] をクリックして展開し，[線 (単色)] をクリックし，[色] ボタンをクリックするとカラーパレットが表示されるので，選択する。

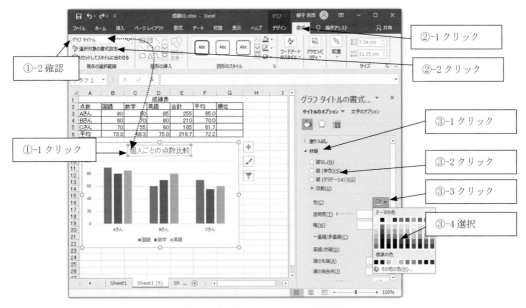

図 3.41　グラフタイトルの書式設定

　複数のグラフ要素に連続して書式設定を行う場合，作業ウィンドウ上に表示する要素を切り替えます。解説 3-11 のようにマウスで直接クリックするか，リボンを使用して要素を選択する。

　すべての構成要素に，同様の操作で書式設定を行うことができます。このほかにも，準備されている [クイックレイアウト] を使用する方法もありますが，柔軟な編集をするためには，一つ一つの要素を個別に設定する方法を身に着けておきましょう。

● 演習 3-12　グラフの作成

演習 3-9 で編集した‘売上表’で，月ごとの売上の推移を表示するグラフを作成し，上書きせよ。

	A	B	C	D	E	F
1	支店名	4月	5月	6月	合計	平均
2	六本木	4698	4677	5067	14442	4814.0
3	渋谷	3245	3548	4213	11006	3668.7
4	池袋	5000	6000	7000	18000	6000.0
5	赤坂	4858	4759	5235	14852	4950.7
6	新宿	6758	6820	7682	21260	7086.7
7	合計	24559	25804	29197	79560	26520.0

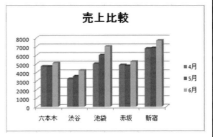

ヒント：グラフ作成時に，系列の指定で行を選択する。

● 演習 3-13 グラフの修正（行／列の切り替え）

'成績表'で今まで作成したグラフを，個人ごとの成績を科目比較するために，行／列の切り替えを行い，タイトルを個人ごとの科目点数比較と変更し，上書きせよ。

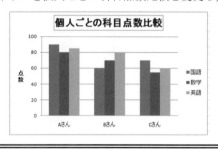

● 演習 3-14 グラフ作成と編集

売上集計表を作成し，グラフを作成せよ。

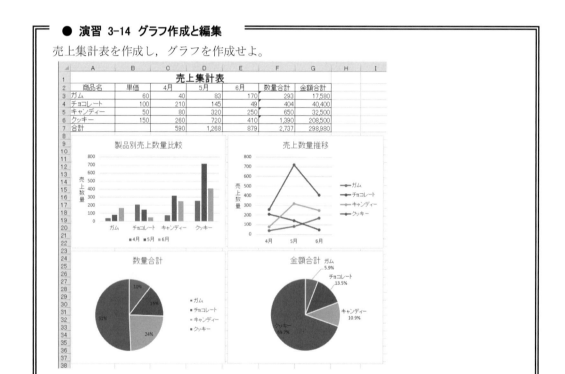

● 演習 3-15 グラフ作成と編集

以下の表を作成し，グラフを作成せよ。

	A	B	C	D	E	F	G
1	支店別製品別売上高						
2						単位：千円	
3	支店名	パソコン	プリンタ	タブレット	周辺機器	携帯電話	合計
4	六本木	4,500	4,680	8,250	2,465	4,500	24,395
5	渋谷	3,200	3,600	6,300	3,500	3,200	19,800
6	池袋	5,000	6,000	4,800	4,800	4,000	24,600
7	赤坂	4,800	4,600	7,300	3,600	5,300	25,600
8	新宿	6,800	6,800	6,400	3,800	7,700	31,500
9	合計	24,300	25,680	33,050	18,165	24,700	125,895
10	平均	4,860	5,136	6,610	3,633	4,940	25,179
11							

① 支店別製品売上高比較

　個々の売上高を比較。

② 支店別製品売上高の内訳

　支店ごとに各製品の売上高を積み上げ，個々のデータも合計も比較する。

③ 製品別売上高の支店内訳

　各製品の売上高に，各支店がどの程度の割合を占めているのかを比較する。

④ 総売上高の支店内訳

　売上高合計に，各支店がどの程度の割合を占めているのかを比較する。

　（円グラフは1項目の比率の比較しかできない）

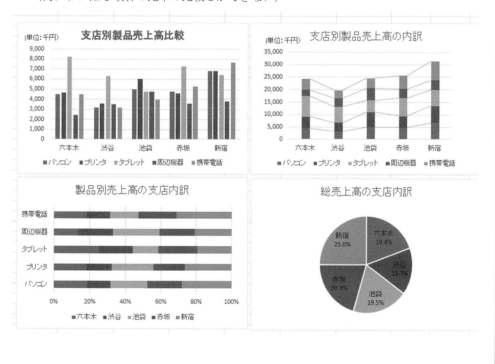

(3) グラフ範囲の変更

各人の合計点をグラフに追加します。

> **◆ 操作 3-53　グラフの選択範囲の変更（図 3.42 参照）**
>
> ① グラフエリアを選択する。
>
> ② リボンに表示された[デザイン]タブの[データ]グループの[データの選択]ボタンをクリックする。
>
> ③ [データソースの選択]ダイアログボックスが表示される。[グラフデータの範囲]がグレーに反転しているのを確認する。反転していない場合には，ドラッグする。
>
> ④ グラフの元になる表を，追加したい範囲を含んでドラッグして選択し直す。（既に選択されている範囲は，点線で囲まれ，点滅している。）
>
>　 例：今回は，各人の合計のデータも含み，A1 から E4 をドラッグし直す。
>
> ⑤ [OK]ボタンをクリックする。

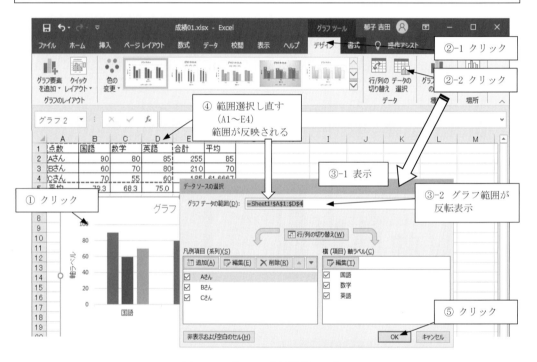

図 3.42　グラフの範囲選択のし直し

3.6.3　複雑なグラフの作成

　1つのグラフにたくさんの情報を表示した場合，それぞれのスケールが違うと，数字の小さなデータが比較できなくなってしまいます。このため，右左の軸を違うスケールで利用することがあります。Excel では，第2軸を使用したグラフを作成することも可能です。

　図 3.43 のように，各人の成績のグラフに合計を追加した場合，科目数が大きいほど，合計の値が大きくなり，各科目の比較がしにくくなります。このとき，合計データだけスケールを別にとり，別のスタイルのグラフとして表示させることができます。このようなグラフを複合グラフといいます。

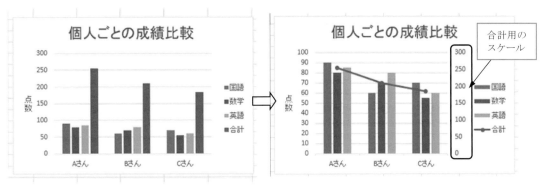

図 3.43　複合グラフの例

　ここで注意しておきたいのは，3-D 効果のついた棒グラフでは複合グラフの設定ができないことです。もしも 3-D 集合縦棒グラフを選択している場合には，準備作業としてグラフの種類の変更をしておきましょう。

┌─── ◆ **操作 3-54　グラフの種類の変更** ───────────────────────
│
│　例：　3-D 効果のついた棒グラフを，平面グラフに変更する場合
│　① グラフの内側をクリックして[**グラフエリア**]を選択する。
│　② リボンに表示された[**デザイン**]タブの[**種類**]グループの[**グラフの種類の変更**]ボタンをクリックする。
│　③ [**グラフの種類の変更**]ダイアログボックスが表示されるので，グラフの種類を[**3D−集合縦棒**]から[**集合縦棒**]とし，[**OK**]ボタンをクリックする
│　④ 平面グラフに変更される。
└──

　複合グラフを作成するには，該当する系列に対して第 2 軸を設定し，その系列を異なるグラフの種類に変更します。

┌─── ◆ **操作 3-55　第 2 軸の設定とグラフの種類の変更**（**図 3.44・図 3.45 参照**）───
│
│　例：　合計の系列を右軸にスケールをとり，折れ線グラフに変更して表示させる場合
│　① 別の軸を設定したい「合計」の系列の上でクリックする。[**書式**]タブの[**現在の選択範囲**]グループの上部に「系列〝合計〟」と表示されていることで確認できる。
│　　注：一部の系列を選択することが重要。（構成する別の系列を選択してもよい。）
│　　　　グラフ全体を選択すると，操作 3-54 の画面が表示され，グラフ全部の種類が変更される。
│　② [**デザイン**]タブの[**種類**]グループの[**グラフの種類の変更**]をクリックする。
│　③ [**グラフの種類の変更**]ダイアログボックスが表示される。
│　④ [**データ系列に使用するグラフの種類と軸を選択してください**]と表示される下部の表示で，必要であればスクロールし，系列名の「合計」を表示させる。
│　⑤ [**系列名**]「合計」の右の[**グラフの種類**]の「集合縦棒」と表示された右の ∨ をクリックし，表示されたグラフの種類から[**折れ線**]の[**マーカー付き折れ線**]を選択する。
│　⑥ [**グラフの種類**]の右の[**第 2 軸**]にチェックをつける。合計の目盛りが右の軸にとられる。
│　　注：⑤，⑥はどちらを先に行ってもよいが，⑥を先に行うとグラフが重なって表示される。
│　⑦ 指定を確認し，[**OK**]ボタンをクリックする。
│　⑧ 「合計」の系列のみが折れ線グラフに変更され，右にスケールがとられる（図 3.46 参照）。
└──

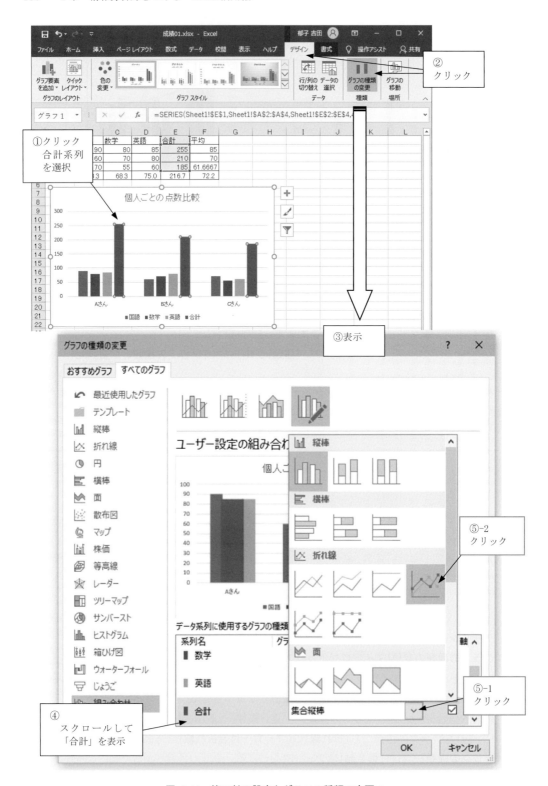

図 3.44　第 2 軸の設定とグラフの種類の変更-1

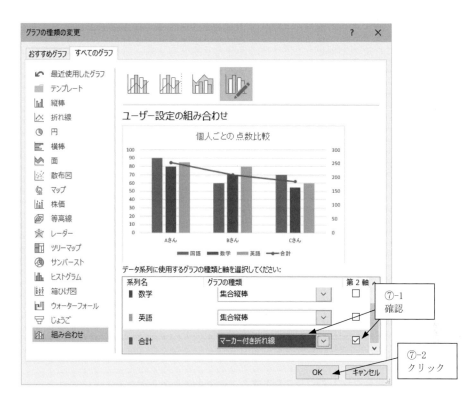

図 3.45　第2軸の設定とグラフの種類の変更-2

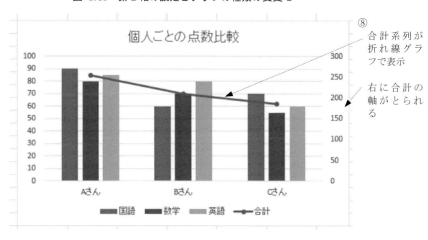

図 3.46　第2軸のグラフ表示

● **演習 3-16　複合グラフ・円グラフの作成**

演習 3-11 で'売上表'に作成したグラフに合計売上数を第 2 軸に追加表示せよ。また，平均売上数の構成を示す円グラフを追加として作成し，上書きせよ。

	A	B	C	D	E	F
1	支店名	4月	5月	6月	合計	平均
2	六本木	4698	4677	5067	14442	4814.0
3	渋谷	3245	3548	4213	11006	3668.7
4	池袋	5000	6000	7000	18000	6000.0
5	赤坂	4858	4759	5235	14852	4950.7
6	新宿	6758	6820	7682	21260	7086.7
7	合計	24559	25804	29197	79560	26520.0

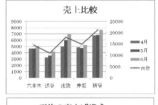

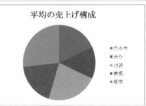

ヒント：円グラフ作成のための選択範囲は A1〜A6，
F1〜F6。大きい順に表示するには，平均の降順で並べ替えてからグラフ作成する（並べ替え方法は，操作 3-56　p.145　参照）。

● **演習 3-17　複合グラフ・円グラフの作成**

以下の表を入力し，グラフを作成せよ

	A	B	C	D	E	F	G	H
1	科目	解りやすさ	質問対応	役にたつか	興味を持てるか	テキストは有効か		
2	情報基礎Ⅰ	4	4	3	4	4		
3	情報基礎Ⅱ	3	3	4	3	3		
4	Java	3	4	3	4	4		
5	VB	3	4	3	3	4		

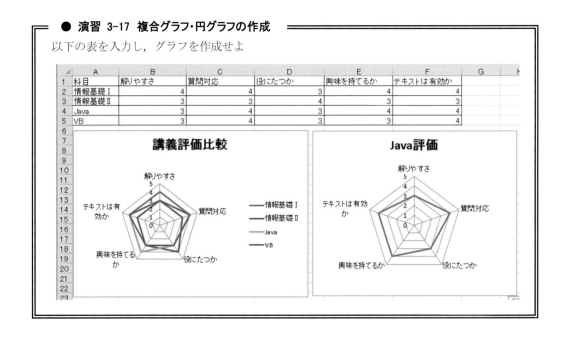

● 演習 3-18　折れ線グラフの作成

国内総生産の実質成長率を比較するデータがある。このデータを比較するために，折れ線グラフを作成せよ。

	A	B	C	D	E	F	G	H	I	J	K	L
1	3-4　国内総生産の実質成長率(1)											
2												(単位：%)
3	国（地域）	2006	2007	2008	2009	2010	2011	2012	2013	2014	2015	2016
4	世界	4.3	4.2	1.8	-1.7	4.3	3.2	2.4	2.6	2.8	2.8	2.4
5	日本 a	1.4	1.7	-1.1	-5.4	4.2	-0.1	1.5	2.0	0.4	1.4	0.9
6	韓国	5.2	5.5	2.8	0.7	6.5	3.7	2.3	2.9	3.3	2.8	2.8
7	中国	12.7	14.2	9.7	9.4	10.6	9.5	7.9	7.8	7.3	6.9	7.3

注：総務省統計局のホームページの『世界の統計』の「第3章国民経済計算」の「3-4(1)」の
シートから抜粋（https://www.stat.go.jp/data/sekai/0116.html#c03）

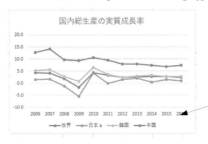

参考…軸の書式設定の指定
軸のオプション：軸ラベルを下端/左端

ヒント：系列名（凡例項目）や項目名（横軸ラベル）が数値である場合，データとしてプロットされてしまうので注意が必要。簡単に回避するには，西暦データに「年」を追加する。

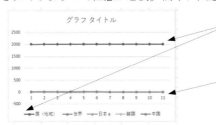

A3～L7 を選択し，グラフを作成すると，
本来ならば項目名となる西暦の数字がデータとしてプロットされてしまう。

項目名が指定されていないと判断され，
1, 2, 3…と表示される。

この場合のきちんとした対処としては…

① グラフをクリックし，選択する。

② 表示される[デザイン]タブの[データ]グループの[データの選択]をクリックし，[データソースの選択]ダイアログボックスを表示し，[グラフデータの範囲]を選択し直す（この問題では，A4～L7 を選択する）。これで，正常なデータがプロットされる。

③ [横（項目）軸ラベル]の[編集]ボタンをクリックし，[軸ラベル]ダイアログボックスの[軸ラベルの範囲]にカーソルがあるのを確認して，ラベルとしたい範囲をドラッグして選択し，（この問題では，B3～L3。A3 は選択しないこと）[OK]ボタンをクリックする。
　戻った画面で[OK]ボタンをクリックする。

③-1
クリック

③-2
項目名となる
範囲を選択

③-3
クリック

戻ると，西暦を
表す数字が表示

③-4
クリック

3.7　印　　刷

3.7.1　印刷イメージの確認

　印刷を行います。グラフを選択した状態で印刷の指示をするとグラフのみが印刷されてしまいます。プレビュー画面で必ず確認してください。操作方法は，Word と同じです。

─── ◆　操作 3-56　印刷プレビューとページ設定（図3.47参照）───────

① ［ファイル]タブをクリックし，表示されたファイル画面の左側の[印刷]をクリックする。

② 印刷プレビューを確認し，必要に応じて設定の変更を行い，［印刷]ボタンをクリックする。

　注：細かい設定変更を行う場合は，[ページ設定]をクリックし，[ページ設定]ダイアログボックスを表示させ。

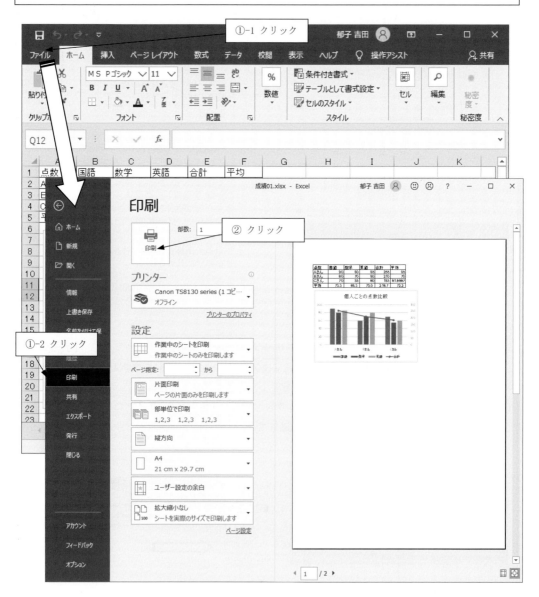

図 3.47　印刷プレビューとページ設定

3.8 データベース機能

Excel にはデータを管理するためのデータベース機能があります。Excel で用いる「データベース」とは「ある目的のために集められたデータ」と言い換えることができます。見出し行を作成し，その下に対応したデータを蓄積していきます。1 つの行に 1 件のレコードを蓄積する形となります。

Excel が提供するデータベース機能とは，蓄積したデータを用いて並べ替えや，条件に該当するデータだけを抽出する機能のことです。

◇ **解説 3-14　Excel におけるデータベースの概念**

学籍番号	氏名	算数	国語	理科	社会	合計
J1990001	相生　太郎	50	60	80	70	260
J1990002	飯島　由佳	80	95	60	85	320
J1990003	上島　重樹	70	75	65	80	290
J1990004	江上　義弘	20	30	80	70	200
J1990005	岡村　時彦	60	65	55	45	225
J1990006	加藤　真次郎	70	95	90	65	320
J1990007	佐藤　正樹	65	55	80	40	240
J1990008	田中　美紀子	95	80	65	80	320
J1990009	中島　和男	35	65	35	90	225
J1990010	渡辺　俊紀	95	95	80	60	330

リスト：見出し行以下のデータの集まりをリストという。

（リストは 1 行 1 列目から始まっている必要はない。ただし，リスト以外のデータとは必ず
　1 行以上の空白をあける。）

フィールド名：見出し行の各項目をフィールド名という。

フィールド：リストの各列をフィールドという。

レコード：リストの各行をレコードという。

Excel でのデータベース操作は，すべてリストに対して行います。ここでは並べ替え機能と簡単なデータ抽出機能について説明します。

3.8.1　データの並べ替え

1 つのフィールド，または複数のフィールドを基準にして昇順または降順に並べ替えを行うことができます。

(1) 1 つのフィールドをキーとした並べ替え

リスト中のある一つの列（フィールド）に着目して，昇順，降順に並べ替ます。

◆ **操作 3-57　1 つのキーによる並べ替え**

例：　成績表の合計点の多い順に並べ替えを行う場合

① リスト内の並べ替えの基準としたいフィールド中のセルをアクティブにする。

　例：　合計のフィールド名の下の H 列のどこか（ex.H6）をクリック（図 3.48 参照）。

② ［データ］タブの［並べ替えとフィルタ］グループの［降順］ボタン をクリックする。合計点の多い順に並べ替えられる（図 3.49 照）。

　（［昇順］ボタン をクリックすると，合計点の少ない順に並べ替えられる。）

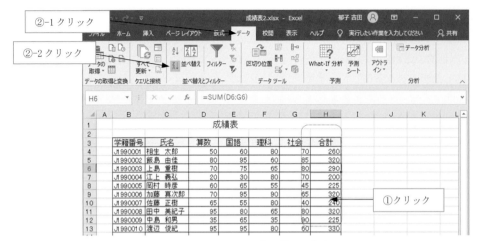

図 3.48　並べ替えの指定

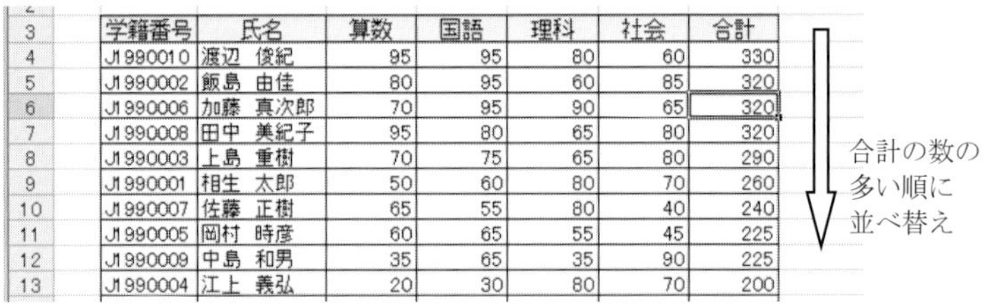

図 3.49　並べ替えたリスト

(2) 複数のフィールドをキーとした並べ替え

　リスト中のある一つの列（フィールド）を基準にして並べ替え，同じデータがあった場合には，別のフィールドを基準にして更に並べ替えるという，複数のキーによる並べ替えが行えます。

◆ 操作 3-58 複数のキーによる並べ替え（図 3.50・図 3.51 参照）

　例：理科の点数の高い順に並べ替えを行い，同じ点数の場合には，成績表の合計点の多い順に並べ替える場合
① リスト内のどこかのセルをアクティブにする。
② ［データ］タブの［並べ替えとフィルタ］グループの［並べ替え］ボタン ![並べ替え] をクリックする。
③ ［並べ替え］ダイアログボックスが表示される。
　［先頭行をデータの見出しとして使用する］にチェックがついていることを確認し，［列］の［最優先されるキー］の下向き三角ボタン▼をクリックし，表示される項目一覧の中から最初に並べ替えのキーとしたい項目を選択する。
　［並べ替えのキー］が［値］となっていることを確認し，［順序］のボックスの ▽ をクリックし，［昇順］／［降順］をクリックする。
　例：「理科」を選択し，［降順］をクリックする。
④ ［レベルの追加］ボタンをクリックすると，［次に優先されるキー］が表示されるので，2 番目のキーとしたい項目を同様に指定する。
　例：「合計」を選択し，［降順］をクリックする。
⑤ ［OK］ボタンをクリックする。
　理科の点数が同じ場合には，合計点数が多い順に並べ替えられる（図 3.52 参照）。
注：必要に応じて，次に優先するキーを，次々に追加することができる。

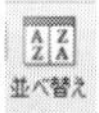

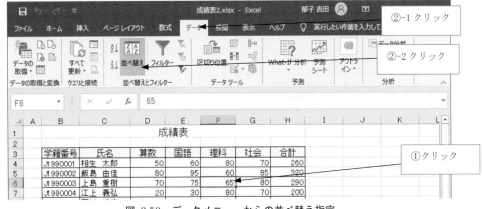

図 3.50　データメニューからの並べ替え指定

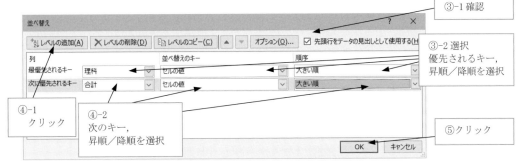

図 3.51　並べ替えダイアログボックス

学籍番号	氏名	算数	国語	理科	社会	合計
J1990006	加藤 真次郎	70	95	90	65	320
J1990010	渡辺 俊紀	95	95	80	60	330
J1990001	相生 太郎	50	60	80	70	260
J1990007	佐藤 正樹	65	55	80	40	240
J1990004	江上 義弘	20	30	80	70	200
J1990008	田中 美紀子	95	80	65	80	320
J1990003	上島 重樹	70	75	65	80	290
J1990002	飯島 由佳	80	95	60	85	320
J1990005	岡村 時彦	60	65	55	45	225
J1990009	中島 和男	35	65	35	90	225

理科が
同じ点数

合計で
並べ替え

図 3.52　並べ替えたリスト

● 演習 3-19　並べ替え

学生の身長と靴のサイズの調査を行った。このデータを入力し，名前を付けて保存せよ。

① 性別で並べ替えよ

　　（昇順とすると，男女となる）。

② 性別が同じ場合には，身長の
　　高い順に並べ替えよ。

③ 身長も同じ場合には，靴サイズ
　　が大きい順に並べ替えよ。

④ 上書き保存せよ。

ファイル名：‘調査表’とする。

	A	B	C	D
1	受講生	調査		
2	NO	性別	身長 (cm)	靴サイズ(cm)
3	1	女	155.1	24.5
4	2	男	165.0	25.5
5	3	女	152.0	23.0
6	4	男	171.0	26.5
7	5	女	148.0	23.0
8	6	男	160.0	25.0
9	7	女	153.0	24.5
10	8	女	158.0	23.5
11	9	女	162.0	25.0
12	10	女	163.0	24.0
13	11	男	171.8	26.5
14	12	男	174.3	26.0
15	13	男	172.0	26.0
16	14	男	168.0	26.5
17	15	男	166.6	25.5
18	16	男	165.0	26.5
19	17	男	172.4	26.5
20	18	女	158.7	24.0
21	19	女	160.1	24.0
22	20	女	162.5	25.0

23	21	男	168.5	27.0
24	22	女	161.0	23.5
25	23	女	157.0	24.0
26	24	男	163.0	27.5
27	25	男	178.0	27.0
28	26	男	167.0	26.0
29	27	女	152.0	23.0
30	28	男	155.0	23.5
31	29	男	178.0	25.0
32	30	女	153.0	23.0
33	31	女	160.0	24.0
34	32	女	165.0	24.0
35	33	男	175.0	27.0
36	34	女	155.0	23.5
37	35	男	173.0	27.0
38	36	女	150.0	23.0
39	37	男	163.0	26.0
40	38	男	180.5	27.5
41	39	女	153.0	23.0
42	40	男	163.0	24.5

3.8.2 データの抽出

リストの中から特定のデータだけを検索して抽出することができます。指定した条件に合った行（レコード）を画面に表示する機能を**フィルタ**といいます。フィルタ機能には，簡単な操作で抽出を行うオートフィルタと，複雑な条件にも対応できるフィルタオプションがあります。

◆ 操作 3-59 フィルタによる抽出（図 3.53・図 3.54 参照）

◆ 抽出条件の設定

例： 成績表の合計点が 225 点のデータを抽出する場合

① リスト内のどこかのセルをアクティブにする。

② ［データ］タブの［並べ替えとフィルタ］グループの［フィルタ］ボタン をクリックする（図 3.53 参照）。

③ 表の各見出しフィールドに下向き三角のボタンが表示される**オートフィルタモード**となる。

④ 抽出条件を設定したい見出しフィールドの ☑ をクリックし，表示される数値フィルタの中から［（すべて選択）］のチェックをクリックして外し，該当する数値データのみをクリックしてチェックをつけ，［OK]ボタンをクリックする。

例： 225 をクリック。

⑤ 該当するデータのみが表示される（図 3.55 参照）。

◆ 抽出条件の解除

① 抽出条件を解除したい見出しフィールドの下向き三角のボタンをクリックし，表示される数値フィルタの中から［（すべて選択）］をチェックし，［OK]ボタンをクリックする。

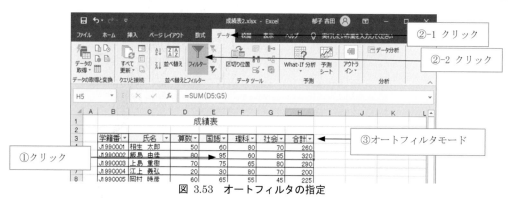

図 3.53 オートフィルタの指定

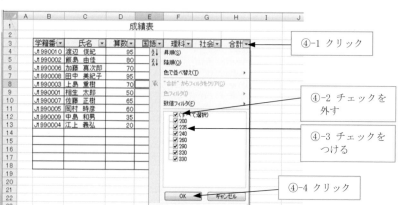

図 3.54 データの抽出の指定

図 3.55　データの抽出結果

◆ 操作 3-60　条件式による抽出

例：　成績表の合計点が 320 点以上のデータを抽出する場合

① 抽出条件を設定したい見出しフィールドの下向き三角のボタン▼をクリックし，表示される
　一覧の中から[**数値フィルタ**]をクリックする。表示されたメニューから条件をクリックする。

　例：合計の下向き三角をクリックし，メニューから[**指定の値以上**]をクリック（図 3.56 参照）。

② [**オートフィルタオプション**]ダイアログボックスが表示される（図 3.57 参照）。左上のボッ
　クスに該当する数値を入力し，右上のボックスの下向き三角ボタンをクリックして条件を選
　択する。

　例：　左上のボックスに 320 と入力し，右のボックスの表示が[**以上**]となっていることを確認。

③ [**OK**]**ボタン**をクリックする。

　注：もう一つ条件を加えることができる。最初の条件と次の条件の関係を AND または OR の
　　どちらかを選択し，下の 2 つのボックスに条件を設定する。

　　たとえば，250 点以上，300 点以下のデータを抽出したい場合には，　上の条件に‘250’
　　と‘以上’を指定し，‘AND’を選択し，下の条件に　‘300’と‘以下’を指定。）

図 3.56　オートフィルタオプション指定

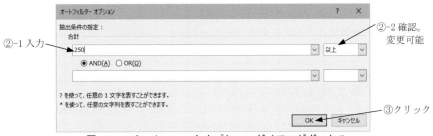

図 3.57　オートフィルタオプションダイアログボックス

オートフィルタを解除すれば，元の表に戻ります。

◆ 操作 3-61　フィルタの解除

① [**データ**]**タブ**の[**並べ替えとフィルタ**]**グループ**の[**フィルタ**]**ボタン**　　　をクリックする
　（図 3.53 参照）。

　注：[**フィルタ**]**ボタン**が色のついた選択状態から解除される。

② 表の各見出しフィールドの下向き三角のボタンが解除される。

● **演習 3-20　データの抽出**

演習 3-19 で作成した '調査票' に対し，並べ替えとオートフィルタを使用して，以下の操作を行え。

① 男子のデータを抽出し，その中で，身長 170 以上 180 未満のデータを抽出せよ。

'調査票 1' で名前を付けて保存。

	A	B	C	D	E
1	受講生	調査			
2	No	性別	身長 (cm)	靴サイズ(c|	
6	4	男	171.0	26.5	
13	11	男	171.8	26.5	
14	12	男	174.3	26.0	
15	13	男	172.0	26.0	
19	17	男	172.4	26.5	
27	25	男	178.0	27.0	
31	29	男	178.0	25.0	
35	33	男	175.0	27.0	
37	35	男	173.0	27.0	

② 身長 160 以上で，靴サイズ 26 以上のデータを抽出せよ。

'調査票 2' で名前を付けて保存。

	A	B	C	D	E
1	受講生	調査			
2	No	性別	身長 (cm)	靴サイズ(c|	
6	4	男	171.0	26.5	
13	11	男	171.8	26.5	
14	12	男	174.3	26.0	
15	13	男	172.0	26.0	
16	14	男	168.0	26.5	
18	16	男	165.0	26.5	
19	17	男	172.4	26.5	
23	21	男	168.5	27.0	
26	24	男	163.0	27.5	
27	25	男	178.0	27.0	
28	26	男	167.0	26.0	
35	33	男	175.0	27.0	
37	35	男	173.0	27.0	
39	37	男	163.0	26.0	
40	38	男	180.5	27.5	

3.9　ピボットテーブル

　データを活用するためには，さまざまな角度から集計を行い，そのデータの持つ意味を読み取る必要があります。集計作業を簡単に提供し，手軽に編集のできるとても便利な機能がピボットテーブルです。

◆ **操作 3-62　ピボットテーブルの作成**

例：演習 3-19 で作成した '調査票' の詳しい情報として，受講生の学科，血液型が追記されているデータを使用し，さまざまな角度から集計を行う場合。

受講生調査表

	A	B	C	D	E	F							
1	受講生	調査											
2	NO	学科	性別	身長 (cm)	靴サイズ (cm)	血液型							
3	1	経営	女	155.1	24.5	A	23	21	経営	男	168.5	27.0	AB
4	2	経営	男	165.0	25.5	A	24	22	経営	女	161.0	23.5	B
5	3	人文	女	152.0	23.0	O	25	23	人文	女	157.0	24.0	B
6	4	経営	男	171.0	26.5	O	26	24	人文	男	163.0	27.5	AB
7	5	経営	女	148.0	23.0	B	27	25	経営	男	178.0	27.0	A
8	6	経営	男	160.0	25.0	A	28	26	人文	男	167.0	26.0	A
9	7	人文	女	153.0	24.5	A	29	27	経営	女	152.0	23.0	A
10	8	人文	女	158.0	23.5	O	30	28	経営	女	155.0	23.5	A
11	9	人文	女	162.0	25.0	A	31	29	経営	男	178.0	25.0	A
12	10	人文	女	163.0	24.0	A	32	30	人文	女	153.0	23.0	B
13	11	人文	男	171.8	26.5	A	33	31	経営	女	160.0	24.0	AB
14	12	人文	男	174.3	26.0	AB	34	32	人文	女	165.0	24.0	B
15	13	経営	男	172.0	26.0	A	35	33	経営	男	175.0	27.0	A
16	14	人文	男	168.0	26.5	A	36	34	経営	女	155.0	23.5	A
17	15	経営	男	166.6	25.5	A	37	35	経営	男	173.0	27.0	O
18	16	経営	男	165.0	26.5	AB	38	36	人文	女	150.0	23.0	O
19	17	人文	男	172.4	26.5	O	39	37	人文	男	163.0	26.0	O
20	18	経営	女	158.7	24.0	A	40	38	経営	男	180.5	27.5	B
21	19	人文	女	160.1	24.0	A	41	39	人文	女	153.0	23.0	A
22	20	人文	女	162.5	25.0	O	42	40	人文	男	163.0	24.5	A

この表のデータから，どのような情報が得られるかを考えてみる。

1) 学科ごとの学生の身長，靴サイズの比較（平均値）
2) 性別ごとの学生の身長，靴サイズの比較（平均値）
3) 血液型ごとの学生の身長，靴サイズの比較（平均値）
4) 学科ごと，性別ごとの学生の身長，靴サイズの比較（平均値）
5) 学科ごとの人数　　　　6) 性別ごとの人数　　　　7) 血液型ごとの人数
8) 学科ごとの血液型ごとの人数…

例：この中の 1) をピボットテーブルを使用して求める場合

① リスト内のどこかのセルをアクティブにする（図 3.58 参照）。

② [挿入]タブの[テーブル]グループの[ピボットテーブル]ボタン をクリックする。

③ [ピボットテーブルの作成]ダイアログボックスが表示される（図 3.58 参照）。[テーブル／範囲]に対象となるリストの領域が指定されているのを確認し，作成場所に[新規ワークシート]が選択されているのを確認し，[OK]ボタンをクリックする。

④ 新しいシートが作成され，ピボットテーブルとフィールドリストが表示される（図 3.59 参照）。フィールドリストには，ピボットテーブル作成時に指定した範囲の先頭行の項目名が表示される。この中で，集計に必要な項目名にチェックをつける。

注：ピボットテーブル以外の場所をクリックすると，フィールドリストは表示されない。数値のデータ項目にチェックをつけると，[Σ値]の欄に表示される。集計したい単位の項目にチェックをつけると，[行ラベル]の欄に表示される。この欄はドラッグして変更可能。

例：学科ごとの身長，靴サイズの比較をする場合

集計したい身長，靴サイズにチェックをつけ，集計したい単位の学科にもチェックをつける（図 3.59 参照）。学科単位に，身長，靴サイズの合計が表示される。今回は，合計を平均に変えて比較するので，行ラベル[合計 ／ 身長 （cm）]の上で右ボタンクリックし（図 3.60 参照），表示されたメニューから[値の集計方法]をクリックし，[平均]をクリックする。同様に，[合計 ／ 靴サイズ(cm)]も平均に変更する。

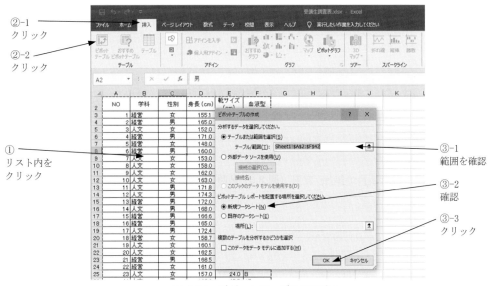

図 3.58　ピボットテーブルの作成-1

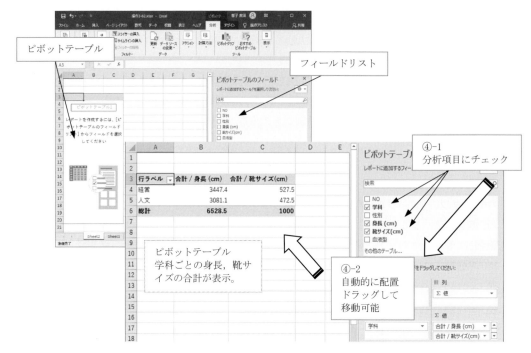

図 3.59　ピボットテーブルの作成-2

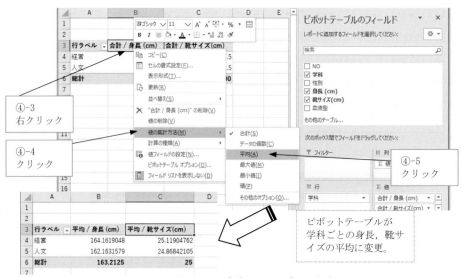

図 3.60　ピボットテーブルの作成-3

　計算結果の桁数を整えるなどの編集は，通常の表と同様に[**ホーム**]タブを使用し，少数以下の桁数などの編集をすることができます。次に，集計の項目を追加してみましょう。

◆　操作 3-63　集計項目の追加，変更（図 3.61 参照）

　例：操作 3-61 の結果に，性別の集計を追加し，学科ごと，性別ごとの学生の身長，靴サイズ
　　　を比較する場合

① フィールドリストの性別の項目名にチェックを追加すると，行ラベルに追加され，学科ごと，
　性別ごとの平均が表示される。項目を変更したいときには，チェックのついた項目のチェッ
　クを外し，別項目にチェックをつける。

② 行ラベルの欄に表示される順に集計されるので，性別ごと，学科ごとの平均が求めたい場合には，行ラベルの欄に表示される順序を入れ替える。ドラッグして移動することも，クリックして表示されたメニューから，［上へ移動］，［下へ移動］を選択する。

③ 性別，学科での関連がみたいときには，追加した性別ラベルを，［列ラベル］に移動する。

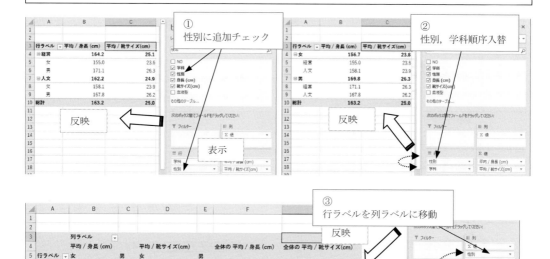

図 3.61　ピボットテーブルの集計項目の追加，変更

合計，平均以外にも，個数をカウントする集計もあり，アンケートの集計などのとても便利です。

◆ 操作 3-64　個数のカウント（図 3.62 参照）

例：操作 3-61 の血液型ごとの人数を求める場合

① 操作 3-61 の④で，フィールドリストのすべてのチェックを外し，血液型にチェックを付ける。血液型が行ラベルに表示される。血液型は，数値のデータ項目ではないので，自動的に［Σ値］の欄に表示されることはない。そこで，フィールドリストの血液型を，［Σ値］の欄にもドラッグして表示する。

注：文字データが［Σ値］の欄に入ると，個数がカウントされる。したがって，［Σ値］の欄に入れる値は，すべての項目に値を持つ文字情報であれば，何でもよいことになる。

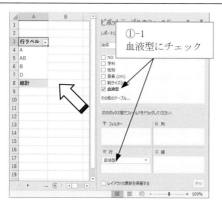
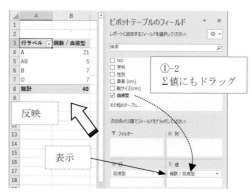

図 3.62　個数のカウント

● **演習 3-21 クロス集計**

操作 3-61 で提示した，1）～ 8）分析内容の中で，1），4），7）の項目以外の分析をせよ。

2）性別ごとの学生の身長，靴サイズの比較（平均値）

行ラベル	値 平均 / 靴サイズ(cm)	平均 / 身長 (cm)
女	23.8	156.7
男	26.3	169.8
総計	25.0	163.2

3）血液型ごとの学生の身長，靴サイズの比較（平均値）

行ラベル	値 平均 / 靴サイズ(cm)	平均 / 身長 (cm)
A	24.9	163.4
AB	26.2	166.2
B	24.0	159.2
O	25.4	164.6
総計	25.0	163.2

5）学科ごとの人数

行ラベル	データの個数 / 学科
経営	21
人文	19
総計	40

6）性別ごとの人数

行ラベル	データの個数 / 性別
女	20
男	20
総計	40

8）学科ごとの血液型ごとの人数…

データの個数 / 血液型 行ラベル	列ラベル 経営	人文	総計
A	12	9	21
AB	3	2	5
B	4	3	7
O	2	5	7
総計	21	19	40

データの個数 / 血液型 行ラベル	列ラベル A		AB	B	O	総計
経営	12		3	4	2	21
人文	9		2	3	5	19
総計	21		5	7	7	40

● 演習 3-22　総合演習 1

「国内総生産」とは，その国で 1 年間に生み出された生産物の付加価値の合計金額で，その国の経済規模を表す指標として使用される。EXCEL 形式の世界各国の国内総生産（GDP）データは，総務省統計局のホームページから入手することができる。ダウンロードした EXCEL データを使用し，以下の操作を行え。

	A	B	C	D	E	F	G	H	I
1		3-2　国内総生産（名目GDP，米ドル表示）(1)							
2									（単位：100万米ドル）
3	国（地域）	1995	2000	2005	2010	2013	2014	2015	2016
5	世界	31,101,723	33,601,035	47,601,789	66,009,903	77,039,493	78,913,071	74,695,763	75,646,687
7	アジア								
8	日本 a	5,448,919	4,887,406	4,758,053	5,700,220	5,154,061	4,854,803	4,395,487	4,947,359
9	アラブ首長国連邦	66,603	105,701	182,978	289,787	390,108	403,137	358,135	348,744
10	イスラエル	100,344	132,339	142,463	233,611	292,492	308,415	299,094	317,748
11	イラク	3,477	16,898	36,268	117,138	207,124	199,221	167,658	160,021
12	イラン	114,364	111,615	226,452	491,099	539,466	443,976	393,436	425,403
13	インド	358,024	453,578	812,059	1,650,635	1,917,054	2,039,198	2,132,755	2,259,642
14	インドネシア	236,456	175,702	304,372	755,094	912,524	890,815	861,256	932,259
15	カザフスタン	20,563	18,292	57,124	148,047	236,635	221,416	184,388	135,005
16	カタール	8,041	17,548	43,998	123,627	198,728	206,225	164,641	152,452
17	韓国	556,129	561,634	898,137	1,094,499	1,305,605	1,411,334	1,382,764	1,411,246
18	サウジアラビア	143,152	189,515	328,461	528,207	746,647	756,350	651,757	639,617
19	シンガポール	87,892	95,836	127,418	236,420	302,511	308,155	296,835	296,946
20	タイ	168,998	126,148	189,318	341,105	420,529	406,521	399,234	407,026
21	台湾 b	279,224	331,452	375,769	446,105	511,614	530,519	525,196	529,910
22	中国	736,870	1,214,915	2,308,800	6,066,351	9,635,026	10,534,527	11,226,185	11,218,281
23	トルコ	233,085	272,971	501,423	771,877	950,595	934,168	859,794	863,712
24	ネパール	4,534	5,730	8,259	16,281	18,227	19,738	20,801	20,914
25	バーレーン	6,787	9,063	15,969	25,713	32,540	33,388	31,126	32,179
26	パキスタン	77,266	76,866	117,708	174,508	220,269	248,949	267,523	282,506
27	バングラデシュ	37,866	45,470	57,628	114,508	153,505	173,062	194,466	220,837
28	フィリピン	82,121	81,026	103,072	199,591	271,836	284,585	292,774	304,906
29	ベトナム	20,736	31,173	57,633	115,932	171,222	186,205	193,241	205,276
30	香港	144,652	171,669	181,569	228,639	275,697	291,460	309,406	320,912
31	マレーシア	88,833	93,790	143,534	255,018	323,276	338,073	296,284	296,531

注：総務省統計局のホームページの『世界の統計』の「第 3 章 国民経済計算」をダウンロードし，「3-2(1)」のシート　国内総生産（名目 GDP，米ドル表示）(1)を使用せよ。

（https://www.stat.go.jp/data/sekai/0116.html#c03）

ダウンロード方法は，演習 5-4 データのダウンロードを参照。

上図がダウンロードした Excel データである。この時のデータでは，8～31 行がアジアのデータである（最新のデータは，刻々変化するので，確認すること）。このデータを使用して作業を進めるために，新しいシートに，タイトル（1～3）行と，アジアのデータ行のみをコピーする。このデータが手に入らない場合には，データを入力（最低でも A3～A31，I3～I31 を入力。これで⑧以外の演習を行うことができる）すること。

① Max 関数，Min 関数を使って，2016 年のアジアの GDP の最大値と最小値を求めなさい。そして，最大値÷最小値を計算して，最も規模の大きい国の GDP は，最も規模の小さい国の GDP の何倍であるかを求めなさい。

② 最新（例では 2016 年）の「国内総生産」の値の大きい順に並べ替えなさい。

③ ②で並べ替えた最新の「国内総生産」で，ベスト 5 入りした 5 カ国のデータの下に行を挿入しなさい。

④ 最下行に，ベスト 5 以外の国の GDP の合計金額を計算し，「その他」としなさい（厳密に

は，このデータに含まれないアジアの国も存在する）。

⑤ ③で挿入した行に，④で求めた合計の行の値をコピーしなさい。

　ヒント：単純に貼り付けを行わず，[ホーム]タブの[貼り付け]ボタンの下の▼をクリックし，
　　[形式を選択して貼り付け]をクリックし，[値]を指定する。

⑥ 上位5カ国以外のデータを削除する。

⑦ ⑥までに作成した表を使って，2016年の各国のGDPの円グラフを描きなさい。
　パーセンテージで各国のGDPがアジア全体のGDPに占める割合を表示すること。

⑧ ⑥までに作成した表を使って，アジアのGDPがどれくらい増えているか，その中で各国の
　GDPの比重がどのように変化しているかを見るために，各年（例では1995年から2016年
　まで）の各国のGDPの積み上げ棒グラフを描きなさい。また，アジア全体のGDPに占め
　る割合の推移を見るために，100%積み上げグラフを描きなさい（西暦の扱いは，演習3-18
　を参照のこと）。

⑨ 以上の作業を通じて，わかったことを200文字程度でまとめなさい。

　　参考：下図は③～⑧までの回答例

オプション問題1

　日本と中国のデータをさまざまな角度から比較したい。そのために必要なデータを抽出し，
　グラフ等を工夫して，分析をせよ。

オプション問題2

　全世界のデータで，同様の分析をせよ。

　ダウンロードしたExcel表が2枚のシートに分割されている場合には，これを新しいシートに
　統合して1枚のシートとし，不要なスペース行や，「アジア」，「北アメリカ」等の区分を表示
　する行を削除し，上記の②～⑨を行え。

　ただし，③ではベスト10までを扱い，④では（世界のGDP）－（ベスト10入りした国の
　GDPの合計）として，その他の国の合計を求めよ。

● 演習 3-23　総合演習2

演習3-18⑨でまとめた内容を，Word文書としてレポートにまとめよ。

データとしてExcel表を抜粋し，グラフを張り付け，1ページとなるようにレイアウトせよ。

4

情報発信力をつける

－PowerPoint 編－

　研究成果の報告，調査内容の報告，企画の説明等，発表を行う機会も増えてきます。こういったプレゼンテーショを実施するにあたり，要点を簡潔にまとめた見やすく，インパクトのあるプレゼンテーションスライドは欠かせません。スライドに視覚的なデータを取り入れることで，より理解しやすく，印象に残る発表にすることができます。

　本章では PowerPoint を使用したプレゼンテーション資料の作成方法を説明します。

4.1　Microsoft PowerPoint の基本操作

4.1.1　PowerPoint の起動

　他のプログラムと同様にスタート画面の PowerPoint をクリックして起動します。デスクトップ画面にショートカットアイコンがある場合は，これをダブルクリックして起動します。

◆ 操作 4-1　PowerPoint の起動

① PowerPoint を起動し，初期画面（図 4.1 参照）を表示させる。

② 右側に表示されたテンプレートから[**新しいプレゼンテーション**]をクリックする。

　注：白紙の文書ではなく，ここでデザインを選択することもできる。また，この画面から最近使ったファイルをダイレクトに開くこともできる。

図 4.1　初期画面

4.1.2　ウィンドウの構成

　PowerPoint のプログラムを起動すると，図 4.2 のようなウィンドウが表示されます。このウィンドウの構成を説明します。

◇ **解説 4-1　ウィンドウの構成（図 4.2 参照）**

① **タイトルバー**　… Microsoft PowertPoint と書かれた 1 番上のバー。現在開いているファイル名がわかり，バーの右端には画面を操作するための 3 つのボタンが並んでいる。

② **リボン**…　タイトルバーの下に表示されているバー。実行したいコマンド（指令）を選ぶ。
　注：リボンは，処理内容ごとに用意されており，上部のタブをクリックすることで表示を切り替えることができる。

③ **[ファイル]タブ**…　ファイルを開く，保存する，印刷するなどの基本的な操作を指示する。

④ **クイックアクセスツールバー**…　リボンの上に位置し，よく使うコマンドが登録されている。初期状態では，上書き保存，元に戻す，やりなおしの 3 つが登録されているが，この他にも自由に追加することができる。

⑤ **アウトライン／スライド表示領域**　…ウィンドウ左部。作成しているすべてのスライドの縮小画面と，記述した文書の内容（アウトライン）が表示される場所。2 種類の表示は左上のタブで切替えることができる。

⑥ **スライド表示領域**　…ウィンドウ右上部。選択されているスライドが大きく表示される。スライドを編集する作業場所。起動時にはタイトルスライドが表示される。文字入力領域には，[プレースホルダ]が表示される。

⑦ **ノート表示領域**　…ウィンドウ右下部。発表時のメモなどを記述する場所で，記述した内容は，原稿などに利用できる（表示／非表示の切り替え可）。

⑧ **モード切替えボタン**　…スライドの表示モードを切り替えるボタン。

⑨ **ズームスライダー**　… スライドの表示倍率を変更することができる。

図 4.2　ウィンドウの構成

4.1.3　PowerPoint の終了

終了方法は，Word などと共通です。

> ◆ **操作 4-2　PowerPoint の終了**
>
> ① ［ファイル］**タブ**をクリックし，表示されたメニューから[**閉じる**]を選んでクリックする。または，タイトルバーの[**閉じる**]**ボタン**をクリックする。

4.2　新しいプレゼンテーションスライドを作成する

4.2.1　基本的なスライドの作成法

PowerPoint を用いた，最も基本的なスライドの作成方法と編集方法について，ひととおり解説します。1 枚目に発表内容がわかる表紙の役目をするスライドを，2 枚目以降に発表の内容を箇条書きで表示する形態のスライドを採用した場合の操作方法を紹介します。

(1) タイトルスライドの作成

1 枚目のスライドとして最も使用頻度が高いのが表紙の役割をするタイトルスライドであるため，新規に PowerPoint を起動すれば，自動的に用意されます。あとは表示された指示に従い，文字を入力していけばスライドができあがります。

> ◆ **操作 4-3　タイトルスライドへの文字の入力**（図 4.3 参照）
>
> ① [**タイトルを入力**]と書かれた四角い領域（プレースホルダ）をクリックする。カーソルが表示されるので，発表のタイトル，内容のわかる文章など，タイトルとなる文字列を入力する
> ② [**サブタイトルを入力**]と書かれたプレースホルダをクリックする。カーソルが表示されるので，サブタイトル，発表者の所属や氏名などを必要に応じて入力する。

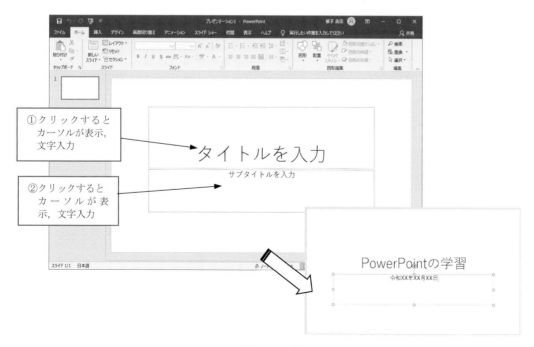

図 4.3　タイトルスライドへの文字入力

(2) 箇条書きのスライドの作成

　2 枚目のスライドとして，箇条書きで内容を列挙するスライドを追加していきます。PowerPoint で新しいスライドを挿入すると自動的に用意されるスライドはこの[**タイトルとコンテンツ**]です。2 枚目以降のスライドで一番使用頻度の高いのが箇条書きのスライドでしょう。スライドレイアウトは，挿入時にも，その後でも変更することが可能ですが，ここでは使用頻度の最も高いこのスライドを使用する方法を確認します。

◆ 操作 4-4 テキストスライドの作成

① [**ホーム**]タブの[**スライド**]グループの[**新しいスライド**] の上半分をクリックする（図 4.4 参照）。

　注：新しいスライドをポイントすると，上半分と，下半分の色が違うことに注意。
　　　上半分をクリックすると，自動的に[**タイトルとコンテンツ**]スライドが挿入される。
　　　下半分をクリックすると，挿入するレイアウトを選択することができる。

② [**タイトルとコンテンツ**]スライドが挿入される（図 4.4 参照）。スライドのプレースホルダに，文字を入力する。

・[**タイトルを入力**]と書かれた領域をクリックし，スライドのタイトルとして，そのスライドの内容を要約する文字列を入力する。

・[**テキストを入力**]と書かれた領域をクリックし，表示したい文字列を入力する。改行すると自動的に行頭文字がつき，箇条書きとなる（図 4.5 参照）。

　注：テキスト入力用のプレースホルダの中央に配置されたアイコンをクリックし，表や図などを挿入することもできる。

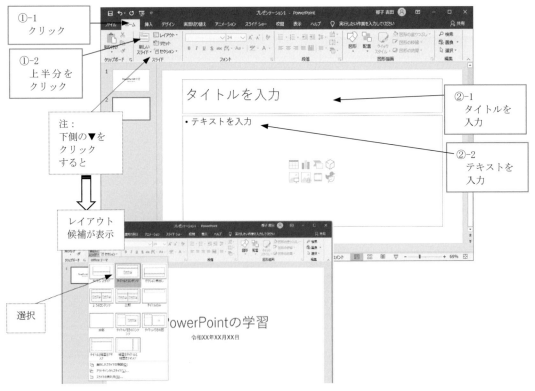

図 4.4　テキストスライドの作成

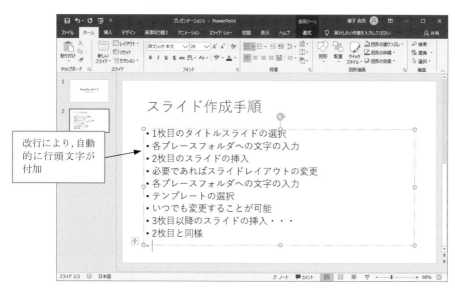

図 4.5　テキストスライドの完成

4.2.2　スライドの保存

　タイトルスライドとタイトルとコンテンツスライドを使用するだけで，シンプルなスライドを作成することができます。

　作成したスライドは早い段階で保存操作を行いましょう。1枚目のスライドを作成した段階で名前をつけて保存し，新しいスライドを追加するごとに上書き保存を行う習慣をつけておきましょう。保存操作は，Word や Excel と同じように行います。

　PowerPoint の拡張子は「pptx」です。

4.3 スライド内容の編集

4.3.1　デザインの適用

　何も指定しない状態では，白地のスライドが用意されますが，デザインを変えることができます。用意されたテーマから選択することも，ネットワークを経由して提供されるものを利用することもできます。フォーマルなものから遊びの要素の強いもの，明るい部屋では見難い色合いのものなどがあるので，発表の種類や環境に応じて選択します。

◆ 操作 4-5 テーマの選択

① ［デザイン］タブをクリックし，［テーマ］グループに表示された各デザインをクリックする（図 4.6 参照）。

　注：各デザインにマウスポインタをポイントすると，画面の表示が変わるので，確認することができる。

①' 表示されたもの以外のデザインを選択したいときには，［その他］ ∨ のボタンをクリックし，表示された（図 4.7 参照）選択肢の中から選択する。

　色や文字フォントはあとで変更できる。

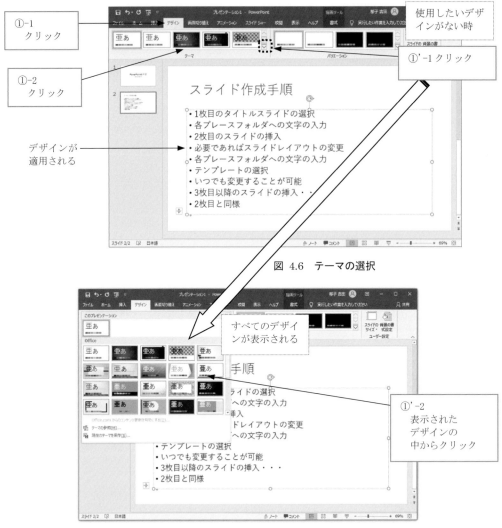

図 4.6　テーマの選択

図 4.7　表示デザイン以外のテーマの選択

　テーマを選択すると，スライドの背景だけでなく，表示される文字や図形の配色・配置，行頭文字などのデザインも変更されます。特に，表紙となるタイトルスライドが他のスライドと大きく違うデザインのものもありますから，はじめて使用する場合には，確認しておきましょう。

　デザインテンプレートの変更は，いつでも行うことができますが，プレースホルダの大きさやレイアウトが異なるため，なるべく早い段階で決定しましょう。

4.3.2　プレースホルダの編集

　スライドの中のプレースホルダの編集操作は，Word のテキストボックスと同じです。枠の中をクリックしてカーソルが表示されているときには，文字の編集しかできません。サイズ変更や移動は，プレースホルダの境界線の上をクリックして選択して下さい。

(1)　プレースホルダの移動

　全体のバランスを見て，プレースホルダを移動したいときに行います。ただし，指定したスライドのみに適用されます。スライド全体のレイアウトを変更したいときには，スライドマスターを変更します。

◆ **操作 4-6 プレースホルダの移動**

① 移動を行いたいプレースホルダをクリックして選択する。選択された領域の周りには境界を示す線とサイズ変更ハンドルが表示される。

② 選択したプレースホルダの境界の部分にマウスポインタを位置づけ，マウスポインタの形が ⊹ となるのを確認し，移動したい場所までドラッグする。

---

(2) プレースホルダのサイズ変更

　文字が一行に入らなかったり，他のコンテンツとの兼ね合いで，領域を大きくしたり小さくしたりする必要があるときに行います。

◆ **操作 4-7 プレースホルダのサイズ変更**

① サイズの変更を行いたいオブジェクトをクリックして選択する。

② サイズ変更ハンドルの上にマウスポインタを位置づけ，マウスポインタの形がサイズ変更ハンドルの位置によって ↔ ↕ ↖ ↗ と変わるのを確認する。

　　左右に拡大／縮小　　　… マウスポインタの形を ↔ の状態にしてドラッグする。

　　上下に拡大／縮小　　　… マウスポインタの形を ↕ の状態にしてドラッグする。

　　上下左右に拡大／縮小… マウスポインタの形を ↖ または ↗ の状態にしてドラッグする。

4.3.3 文字の編集

　入力した文字の色や大きさは，各テンプレートによって決まっていますが，必要に応じて変更することができます。文字の編集は，リボンを使用することも，ミニツールバーを使用することもできます。

◇ **解説 4-2 フォント編集（リボン使用）**

設定変更を行いたい文字を選択し，[ホーム]タブの[フォント]グループの該当ボタンをクリックする。

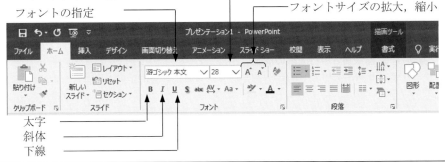

◇ **解説 4-3 フォント編集（ミニツールバー使用）**

設定変更を行いたい文字を選択すると，選択した文字列の右上に，半透明のツールバーが表示される。これが[ミニツールバー]と呼ばれるバーで，この上にマウスポインタをポイントすると，くっきりと表示される。

このツールバーを使用して，文字の編集を行うことができる。

　プレースホルダに数多くの段落を追加して入りきらなくなると，そのプレースホルダに収めるように自動調整が行われ，たくさんの文字が入り切るように文字サイズを小さくします。

　便利な機能ではありますが，あまり文字サイズが小さくなるとスライドが読みにくくなってしまいます。表現を簡潔にし，スライドを分けて文字数を減らす努力が必要です。ここでは，文字の大きさを自動調整しないように指定する方法を紹介しておきます。

◆ 操作 4-8 プレースホルダのフォントサイズの固定方法（図 4.8 参照）

① 段落をどんどん追加していき，入りきらなくなると，プレースホルダの下の方に[自動調整オプション]ボタン ![icon] が表示されるので，これをクリックする。

② 表示されたメニューから，[このプレースホルダを自動調整しない]をクリックする。

段落を追加
していき，
いっぱいに
なると表示
される

①-1
クリック

①-2
クリック

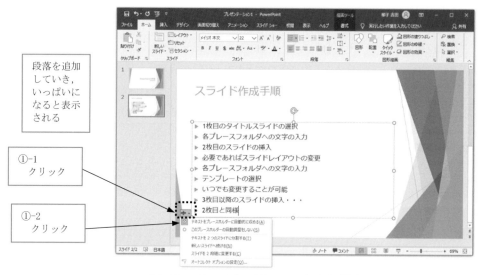

図 4.8　プレースホルダのフォントサイズ固定

　プレースホルダに表示する段落が少ない場合などに，バランス良く配置するために，行間隔を調節することもできます。

◆ 操作 4-9 箇条書きの行間隔の調整

① プレースホルダの中のすべての箇条書きをドラッグして選択する。

② [ホーム]タブの[段落]グループの[行間] ![icon] をクリックし，表示された間隔を選択する。

　1つの箇条書きに文章を入力していき，1行に収まらない場合には自動的に改行されます。Wordと同様に Enter キーを押すと段落の区切りを指定することになり，新しい箇条書きとなります。

　見栄えを考えて，区切りの良いところで改行だけしたいときには，Word で同一段落での改行を行う場合と同じ操作を行います。

◆ 操作 4-10 箇条書き内の改行の指示

① 改行したい場所をクリックし，カーソルを位置づける。

② Shift キーを押しながら，Enter キーを押す。

　注：同一段落での改行となり，行頭記号は表示されないで改行される。

　箇条書きは，行頭記号を表示し，同一のリストレベルで作成しますが，レベルを変えて表示したいことがあります。ここで，「リストのレベルを上げる」とは，深い（下位の）階層を定義することで，「リストのレベルを下げる」とは，浅い（上位の）階層を定義することです。少しわかりにくいので，注意してください。

◆ 操作 4-11　箇条書きのリストレベルの変更（図 4.9 参照）

① レベルを変更したい箇条書きをクリックし，選択する。

② [ホーム]タブの[段落]グループの[インデントを増やす] 🔳 をクリックする（または Tab キーを打つ）。同じボタンをクリックする度に，レベルが下がる。

②' レベルを上げるには，左隣の[インデントを減らす] 🔳 をクリックする（または shift キーを押しながら Tab キーを打つ）。

　注：選択したデザインに応じ，レベルごとに行頭記号が変化する。

　　　箇条書きの行頭記号を，段落番号に変更することもできる。この場合には，[ホーム]タブの[段落]グループの[段落番号] 🔳 をクリックする。

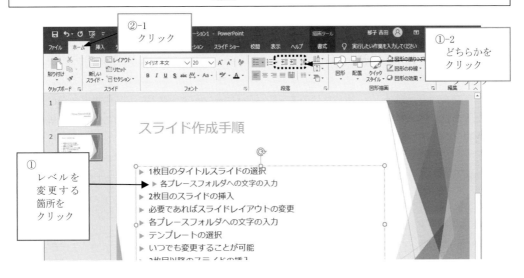

図 4.9　箇条書きレベルの変更

● 演習 4-1　自己紹介スライドの作成

PowerPoint を新規に起動し，自分を友人にアピールする自己紹介のスライドを作成せよ。

① 1枚目の表紙スライドのタイトルとして，インパクトのある表現を考えよ。
　サブタイトルには「学籍番号」と「氏名」を入力せよ。

② 2枚目の内容を，自分の大まかな紹介とする

③ 3枚目の内容を，自分の長所と短所とする

④ 4枚目の内容を，自分の趣味・特技とする

⑤ ファイル名を「自己紹介」として保存。

　表紙に使用するスライド，箇条書きで要点を羅列するために使用するスライドを使用した基本的なスライド作成を学びました。これだけでもプレゼンテーションに使用する資料を作成することはできますが，フォントを変更したり，ページ番号を表示したり，グラフ，表，図表現などを使用すれば，より見やすくインパクトのあるスライドを作成できます。

4.4　さまざまなスライドの作成

4.4.1　グラフスライドの作成

　3 枚目のスライドにグラフを挿入してみましょう。Excel で作成したグラフを貼り付けることも
できますし，PowerPoint から Excel データを作成し，グラフ機能を使うこともできます。どちら
で作成しても，デザインテーマに合わせた配色が自動的に選択され，文字や系列の色などと背景の
色との調和がとれたものとすることができます。

◆　**操作 4-12　グラフの挿入（既存の Excel グラフの利用）（図 4.10 参照）**

例：新しい 3 枚目のスライドを作成し，操作 3-55 で作成したグラフを張り付ける。

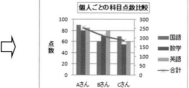

① 既存の Excel ファイルを開き，グラフエリアをクリックして選択し，コピーをする。

② グラフを張り付けたい PowerPoint のスライドをクリックしてカーソルを位置づけ，貼り付
　けをする。

③ グラフを張り付けると，[貼り付けのオプション]ボタンが表示される。このボタンをクリッ
　クすると，貼り付け方を指定できる。ここで[貼り付け先のテーマを使用しブックを埋め込
　む]に変更する（図 4.11 参照）。グラフのもとになる Excel 表を PowerPoint の中に取り込
　み，いつでも修正ができる。

　注：規定では，貼り付け方法は［貼り付け先のテーマを使用しデータをリンク］となっている。
　　　この指定は，グラフのもとになった Excel ファイルのデータと連動するもので，変更が柔
　　　軟にできない。

④ 張り付けたグラフを編集する。編集操作は Excel でのグラフ編集と同様に行うことができ
　る。元データの Excel ファイルは閉じておく。

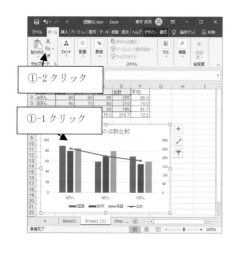

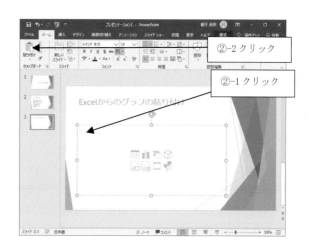

図 4.10　Excel グラフのコピー

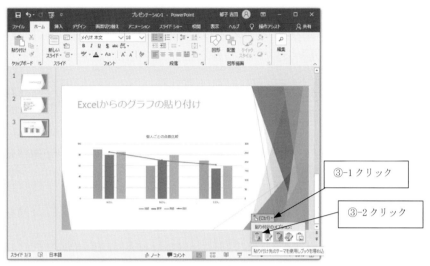

図 4.11　グラフ貼り付けのオプション

◆ **操作 4-13　グラフデータの修正（図4.12 参照）**

① グラフをクリックして選択する
② 表示された**グラフツール**の[**デザイン**]タブの[**データ**]グループの[**データの編集**]ボタンを
クリックする。
③ グラフの元データとなる表が表示され，データを修正すると連動してグラフが変化する。

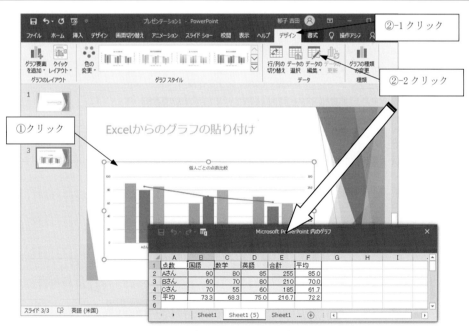

図 4.12　グラフ貼り付けのオプション

Excel データが存在せず，PowerPoint 内でデータを作成する場合のグラフ作成方法を紹介しておきましょう。

◆ **操作 4–14　グラフの挿入（PowerPoint 内でデータを作成）（図 4.13 参照）**

① [挿入]タブの[図]グループの[グラフ]をクリックする。

①' または，[タイトルとコンテンツ]スライドの上段左から 2 つ目の[グラフ]アイコンをクリックする。

② [グラフの挿入]ダイアログボックスが表示される。挿入したいグラフの種類をクリックし，[OK]ボタンをクリックする。

③ グラフの元になる Excel の表と，その表を基にしたがグラフが表示される（図 4.14 参照）。データを修正し，グラフに反映されるのを確認する。グラフのデータ範囲を変更するには，表示されている範囲の右下隅の青い三角の表示にマウスポインタをポイントし，ドラッグする。データ入力が済んだら Excel ウィンドウを閉じる。

　注：Excel データは，PowerPoint 内に保存される。一度閉じてしまった表を修正するには，操作 4-13 参照。

④ 張り付けたグラフを編集する。

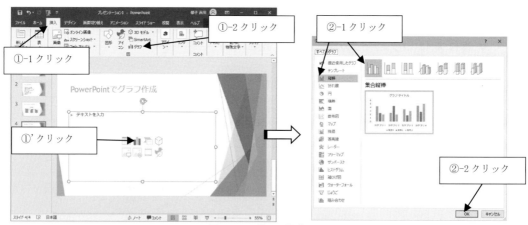

図 4.13　グラフ作成-1

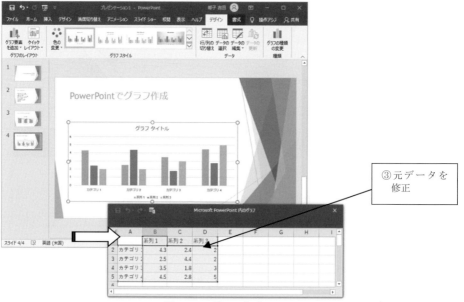

図 4.14　グラフ作成-2

4.4.2 表スライドの作成

4枚目のスライドに表を作成しましょう。表スライドは比較や要点の整理に便利です。

◆ 操作 4-15 表スライドの作成（図 4.15 参照）

例：新しい4枚目のスライドを作成し，スライドに，4行×3列の表を作成する。

① [挿入]タブの[表]グループの[表]をクリックし，表示された行数・列数選択メニュー上の枠の上にマウスをスライドさせ，必要な行数，列数のところでクリックする（図 4.15 参照）。

①' または，下図のように[タイトルとコンテンツ]スライドの中央の[表]アイコンをクリックし，表示される[表の挿入]ダイアログボックスに表の列数および行数を入力し，[OK]ボタンをクリックする。

② 表が領域に表示されるので，各セルをクリックし，カーソルを表示させて文字を入力し，文字の大きさ等を変更する。

③ 列幅を調整する。列の境界線上にマウスポインタを位置づけ，マウスポインタの形が ↔ となるのを確認し，ドラックする（図 4.16 参照）。

④ 表全体の大きさを調整する。表全体の大きさは，表の周りの右下角のサイズ変更ハンドルにポイントし（図 4.16 参照），マウスポインタの形が となるのを確認し，ドラッグする。

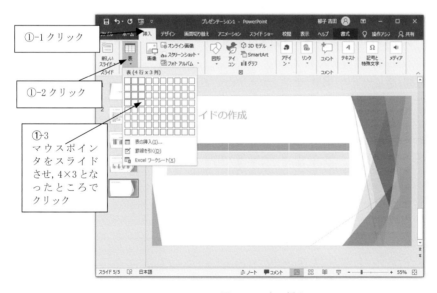

図 4.15 表の挿入

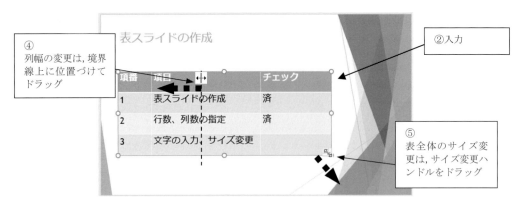

図 4.16　表の編集

　表サイズを大きくして見やすくした後は，文字の配置を調整します。その他，セルの分割や結合，行列の追加等も Word の表操作と同じです。

◆ **操作 4-16　表の編集**
① 表の編集したい個所をクリック，またはドラッグして選択する。
② リボンに追加される[**表ツール**]の[**デザイン**]タブや[**レイアウト**]タブの各ボタンをクリックして指示をする。
　注：Word の表の編集の操作 2-28～操作 2-41 を参照のこと。

4.4.3　スライドへの図形の挿入

　3 枚目のグラフスライドにもどって，図形を挿入してみましょう。3 枚目のスライドを表示させ，Word と同様の要領で，オートシェイプを挿入してみましょう。

◆ **操作 4-17　スライドへの図形の挿入（図 4.17 参照）**
① 図形を挿入したいスライドを表示させる。
② [**挿入**]タブの[**図**]グループの[**図形**]をクリックする。
③ 表示されたメニューから選択する。ここでは，[**吹き出し**]の[**角を丸めた四角形**]を選択する。
④ マウスポインタの形が十字 ✚ となるので，Word の図形描画の要領で描画したい位置の開始ポイントから終了ポイントまでドラッグする。
⑤ 表示された図をクリックし，必要に応じて文字を入力する（図 4.18 参照）。
⑥ [**書式**]タブをクリックし，必要に応じて[**図形のスタイル**]グループの ［**塗りつぶしの色**]等を変更する。
　注：Word の図形の編集の操作 2-42～操作 2-53 を参照のこと。

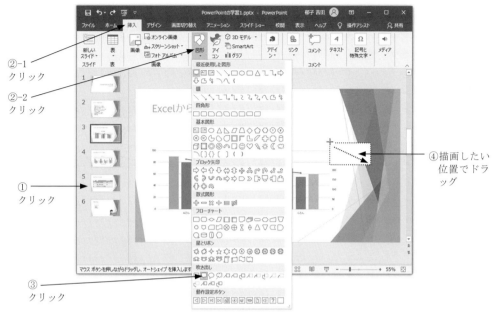

図 4.17　図の挿入-1

図 4.18　図の挿入-2

4.4.4　画像のあるスライドの作成

　イラストや写真などを追加してみましょう。インターネット上の画像を直接取り込む[**オンライン画像**]の挿入を指示することもできますが，著作権等の確認をしっかりとするために，ここでは，ブラウザ上で欲しい画像を事前に検索し，提供サイトの許諾条件等を確認してあらかじめダウンロードしておいた画像を使用することにします。

◆ **操作 4-18 画像のあるスライドの作成（図 4.19 参照）**

例：新しい5枚目のスライドを作成して文字を入力した後，画像ファイルを追加する。

① 通常通りに，タイトルとテキストを入力する。

② [**挿入**]タブの[**画像**]グループの[**画像**]をクリックする。

　注：[**タイトルとコンテンツ**]スライドの中央のアイコンを使用すると，テキストのプレースホルダがなくなり画像のみとなるため，文字と共存させたいときには使用しない。

③ [**図の挿入**]ダイアログボックスが表示される。ファイルを開く時と同様に，ダウンロードした画像の保存場所を指定し，表示された一覧の中から利用したいファイルを選択し[**開く**]ボタンをクリックする。

④ 挿入された画像の大きさ，位置を調整する。

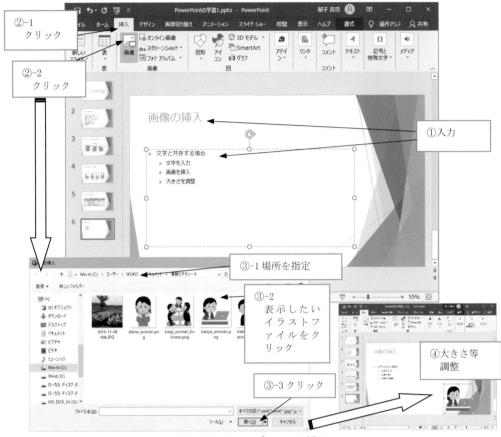

図 4.19　クリップアートの挿入

4.4.5　アイコンの挿入

単純化された図として登録されている，アイコンを挿入することもできます。

◆ **操作 4-19　アイコンの挿入（図 4.20 参照）**

① 挿入したいスライドを表示させる。

② [挿入]タブの[図]グループの[アイコン]をクリックする。

③ 左の分類をクリックし，表示されたアイコンをクリックし，[挿入]をクリックする。

④ アイコンがスライドに表示されるので，サイズ，位置を変更する。

図 4.20　アイコンの挿入

4.4.6　テキストボックスの挿入

テキストボックスは，縦書き，横書きと自在にどこにでも文字を表示できます。

┌─── ◆ 操作 4-20　テキストボックスの挿入 ──────────────────

① 挿入したいスライドを表示させる。

② ［挿入］タブの［テキスト］グループの［テキストボックス］の下半分をクリックする。

③ 表示されるメニューから［横書きテキストボックスの描画］，［縦書きテキストボックス］のいずれかをクリックする。

④ スライド上にマウスポインタをポイントすると，ポインタの形が十字の形 ✚ となるので，テキストボックスを挿入したい場所をクリックする。

⑤ 1文字分の四角い領域が挿入される。中にカーソルが表示されているのを確認し，文字を入力する。カーソルが表示されない場合には，内部をクリックし，表示されてから入力する。

⑥ 文字の編集は，中の文字を選択して行い，ボックスのサイズ，位置などの変更は，四角の境界をクリックし，図形として選択して行う。
└──

4.4.7　ワードアートの挿入

┌─── ◆ 操作 4-21　ワードアートの挿入（図 4.21 参照）──────────

① 挿入したいスライドを表示させる。

② ［挿入］タブの［テキスト］グループの［ワードアート］をクリックする。

③ 表示される一覧から形式をクリックして指定する。

④ 指定された形式で［ここに文字を入力］と表示されるので，表示したい文字を入力し，フォントサイズ，位置を変更する。
└──

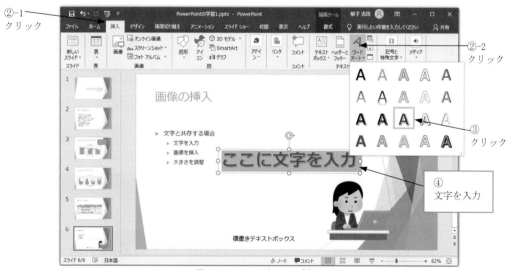

図 4.21　ワードアート挿入

4.4.8　　SmartArt グラフィックの活用

　図表現を使用することで，より分かりやすく，インパクトの強いスライドとなります。SmartArt グラフィックを使用することで，統一がとれた，洗練された図表現を簡単に実現することができます。箇条書きスライドを SmartArt に変換することも可能です。

◆ 操作 4-22　SmartArt グラフィックの使用（図 4.22 参照）

① [挿入]タブの[図]グループの[SmartArt]をクリックする。

①' または，[タイトルとコンテンツ]スライドの上段右から 2 つ目の[SmartArt]アイコンをクリックする。

② [SmartArt グラフィックの選択]ダイアログボックスが表示される。左側の分類を選択すると，選択された分類に対応した図表現の候補が表示される。

③ 表示された選択肢の中から指定したいレイアウトをクリックし，（右側にプレビューが表示される。）[OK]ボタンをクリックする。

④ 指定したレイアウトが表示され（図 4.23 参照），[ここに文字を入力してください]と表示されたテキストウィンドウが表示される。箇条書きの要領で文字入力した後，改行して箇条書き項目を増やしていく。不要であれば閉じ，文字の修正等が必要であれば再表示する。

　注：箇条書きのレベルを上げ下げするには，[デザイン]タブの[グラフィックの作成]グループの[レベル下げ]，[レベル上げ]をクリックする。

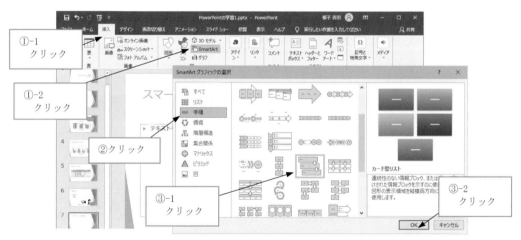

図 4.22　SmartArt の使用

図 4.23　ボックスリストでの文字入力・修正

◆ 操作 4-23 SmartArt の編集（図 4.24 参照）

① [デザイン]タブをクリック。

② [SmartArt のスタイル]グループの[色の変更] をクリックし，表示されたカラーバリエーション一覧の中から選択する。

③ 同様に[SmartArt のスタイル]グループの[スタイル]の右下の ∨ をクリックし，表示されたスタイル一覧の中から選択する。

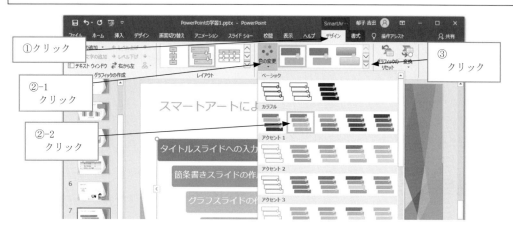

図 4.24　SmartArt の編集

4.4.9　スライド全体にかかわる編集

(1) スライド番号の挿入

　スライドに番号が表示されていると，発表時の質疑応答の折などに便利です。

◆ 操作 4-24　スライド番号の挿入

① [挿入]タブの[テキスト]グループの[ヘッダーとフッター]をクリックする（図 4.25 参照）。

② [ヘッダーとフッター]ダイアログボックスが表示される（図 4.26 参照）。[スライド]タブの[スライド番号]にチェックをつけ，[すべてに適用]ボタンをクリックする。

　注：タイトルスライドにページ番号を表示したくない場合には，[タイトルスライドに表示しない]にチェックをつける。

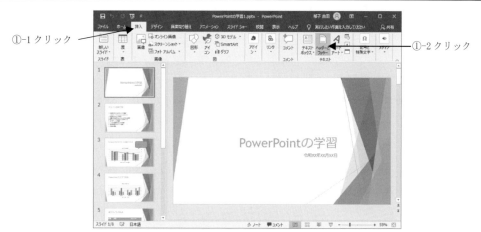

図 4.25　スライド番号の挿入-1

図 4.26　スライド番号の挿入-2

　これですべてのページにスライド番号をふることができました。しかし小さくて見にくいので，フォントサイズを変更します。ページ数が多ければすべてのページに同じ変更を加えるのは大変です。スライド全体に対する書式を設定にスライドマスターを使用します。

(2)　スライドマスター

　スライドマスターは，すべてのスライドの背景や色，フォント，配置するプレースホルダの位置やサイズなどの情報をコントロールしています。

◇　**解説 4-4　スライドマスター表示画面の構成**

[表示]タブの[マスター表示]グループの[スライドマスター]をクリックすると，スライドマスター表示モードとなる。

左側の表示領域には，提供されているさまざまなレイアウトのスライドマスターが表示され，現在編集中のスライドのスタイルのスライドマスターが選択されている。

スクロールして一番上に表示される大きなスライドマスターは，すべてのスライドに共通の設定ができる。右側の領域には，左で選択したスライドマスターの内容が表示される。

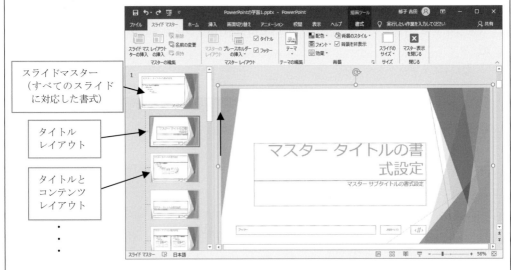

一番上のスライドマスターをクリックし，右側の領域に拡大表示されたスライドマスターの書式を編集することで，スライド全体の設定ができる。2 番目以降に表示されたレイアウトの書式を編集すると，そのレイアウトに限定した設定となる。

スライドマスターのスライド番号を表示する領域のフォントサイズを拡大してみましょう。

◆ 操作 4-25　ページ領域のフォントサイズの変更

例：ページ番号表示の<#>と表示されたフォントサイズを変更する。

① [表示]タブの[マスター表示]グループの[スライドマスター]をクリック（図 4.27 参照）。

② 画面が切り替わり，スライドマスター表示モードとなる（図 4.28 参照）。ウィンドウ左側の一番上の[スライドマスター]をクリックし，右側に表示されたレイアウトを編集する。ページ番号を表す<#>をドラッグして選択し，フォントサイズを変更する。

注：表示領域が小さいデザインの場合には，サイズ変更ハンドルで領域を拡大する。

③ [スライドマスター]タブの[閉じる]グループの[マスター表示を閉じる]ボタンをクリックすると，画面が切り替わり，元の表示に戻る。

すべてのスライドのスライド番号が指定されたフォントサイズに変更されているのを確認。

図 4.27　スライドマスターの表示

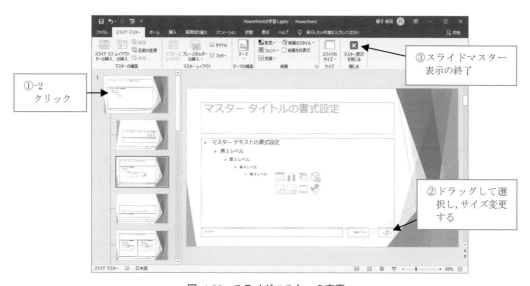

図 4.28　スライドマスターの変更

(3) テーマフォントの変更

適用したデザインテーマ全体のフォントを変更してみましょう。表やグラフの文字にも，指定されたフォントが反映されます。

◆ 操作 4-26　すべてのフォントの変更（図 4.29 参照）

例：スライド全体のフォントを HGP 創英角ゴシック UB 体に変更する。

① [デザイン]タブの[バリエーション]グループの右下の ▽ をクリックし，表示される[フォント]をクリックすると，使用できるフォントパターンが表示されるので，選択する。

注：一覧にないフォントパターンも[フォントのカスタマイズ]をクリックし，見出し，本文それぞれの英数字，日本語のフォントを指定して作成できる。

図 4.29　デザインテーマフォントの変更

4.5　画面の操作

4.5.1　表示モードの切り替え

PowerPoint には，5 つの表示モードがあります。スライドの作成，編集など，それぞれのモードの特徴を生かし，操作の内容に従って切り替えます。それぞれの表示モードの内容と特徴をおさえ，上手に使い分けてください。

◇ **解説 4-5　表示モード**

● 標準表示モード

スライド編集にもっともよく使用する。3 つの枠組みが表示される。左の枠にはスライドの縮小画面が表示され，右上の枠には作業中のスライドのデザインが，中央下の枠にはノートが表示される。

注：ノート領域の表示非表示は切り替えられる。

● アウトライン表示モード

すべてのスライドを一覧で表示するモード。プレゼンテーション全体を一覧で確認できる。スライドの削除や移動を簡単に行うことができる。

● スライド一覧表示モード

すべてのスライドを一覧で表示するモード。プレゼンテーション全体を一覧で確認できる。スライドの削除や移動を簡単に行うことができる。

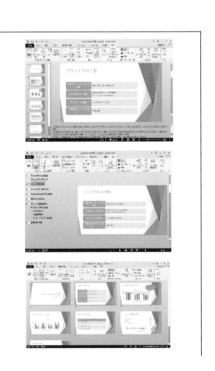

● ノート表示モード
発表時のメモなどを記述したノートを，スライドのデザインと対で表示するモード。発表用原稿の作成に使用することができる。

● 閲覧表示モード
スライドショーと同様に，作成したスライドを 1 枚ずつ表示させるモード。スライドショーのように画面全体に表示にはならない。

　表示モードの切り替えは，リボンを使用する方法と，画面下部のモード切り替えボタンを使用する方法があります。

◆ 操作 4-27 表示モードの切り替え

① ［表示］タブの［プレゼンテーションの表示］グループの各ボタンをクリックする。

標準表示モード
アウトライン表示モード
スライド一覧表示モード
ノート表示モード
閲覧表示モード

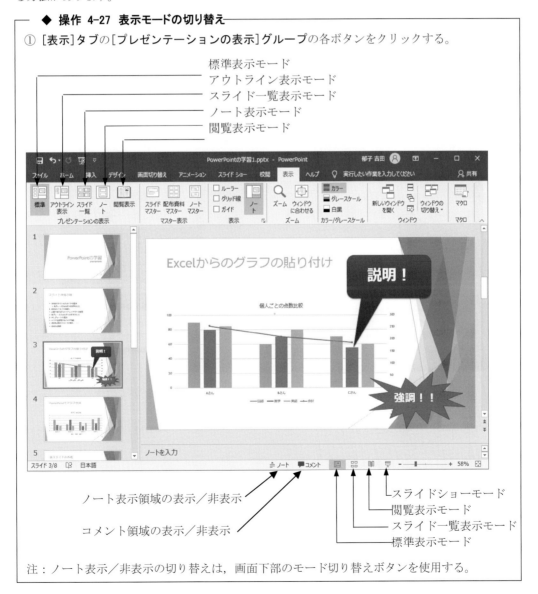

ノート表示領域の表示／非表示
コメント領域の表示／非表示

スライドショーモード
閲覧表示モード
スライド一覧表示モード
標準表示モード

注：ノート表示／非表示の切り替えは，画面下部のモード切り替えボタンを使用する。

4.6 スライドショーの実行

　作成したスライドのスライドショーを実行してみます。まず，マウスクリックによって次の画面に切り替える方法を紹介します。

◆ **操作 4-28 スライドショーの実行**

① [スライドショー]タブの[スライドショーの開始]グループの[最初から]ボタンをクリックすると，1枚目のスライドから実行する。

　表示中のスライドから実行するには，[現在のスライドから]ボタンをクリックする。または画面下部のモード切り替えボタンの右端の[スライドショー]ボタンをクリックする。

② 全画面表示された1枚目のスライドを確認したら，画面上をマウスでクリックし，次のスライドへ進む。

注：スライドショーの実行を中断するには，キーボードから Esc キーを打つか，右クリックして，表示されたショートカットメニューから[スライドショーの終了]を選択する。

　このほかにも，発表者ビューを使用した高度なコントロールができます。

◇ **解説 4-6 発表者ビュー**

操作 4-28 の要領でスライドショーを実行中，右クリックして表示されたショートカットメニューから[発表者ビューを表示]を選択すると，発表者のモニタのみに以下の画面が表示される。

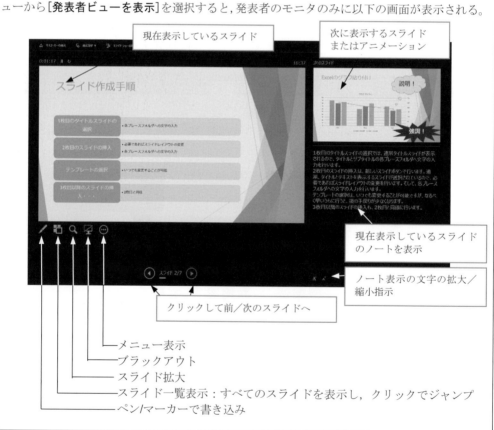

　スライドが完成し，スライドショーを行う準備ができました。内容を吟味し，発表練習を行います。発表練習時に不都合な点に気がついたときは，何度でもフィードバックしてスライドを修正します。

4.7 アニメーションの設定

4.7.1　開始アニメーションの設定

　発表の重要なポイントを強調するために，スライドに動きを持たせることができます。これがアニメーション効果です。アニメーション効果は，発表にインパクトを加える役割がありますが，多用するとかえって見にくいものになることもあります。ここでは，強調したいポイントに絞り込んだ設定を紹介します。

　アニメーション効果には開始，強調，終了の 3 種類があります。「**開始**」は表示されない状態からの効果を，「**強調**」は表示された状態からの効果を，「**終了**」は表示を終える時の効果を設定します。スライドのタイトルに開始効果を設定すると，アニメーションが開始する時点まで文字が表示されません。文字は動いて表示されると読みにくくもなりますのでスライドタイトルや箇条書きの文字には，特別の場合を除き，開始アニメーション効果を設定しないようにしましょう。

　まずは，内容を強調するために追加した「吹き出し」に設定してみましょう。

◆ 操作 4-29　アニメーションの設定（図 4.30 参照）

例：3枚目スライドの吹き出しの図にアニメーション開始効果を設定する。

① アニメーション効果を設定したいオブジェクトをクリックし，選択する。

　例：「**吹き出し**」の図形をクリックする。

② [**アニメーション**]タブの[**アニメーション**]グループの右下の ☑ をクリックする。

③ 表示されたアニメーション効果の一覧の中から選択する。

　例：[**開始**]効果の[**ズーム**]を指定する。

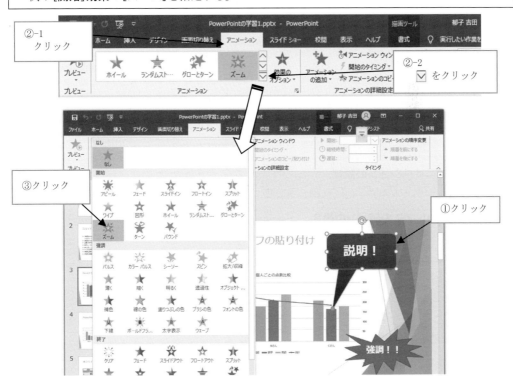

図 4.30　アニメーションの設定-2

　同じスライドにもう一つの図形「爆発」を追加し，このオブジェクトにもアニメーションを設定してみましょう。今度は，一覧表示にないアニメーション設定の手順を確認します。

◆ 操作 4-30 アニメーションの設定（図 4.31 参照）

例：3枚目スライドに図形「爆発」を追加，[開始]効果の[スパイラルイン]を指定する。

① アニメーション効果を設定したいオブジェクトをクリックし，選択する。

　例：「爆発」の図形をクリックする。

② [アニメーションの]タブの[アニメーション]グループの右下の ▽ をクリックする。

③ 表示されたアニメーション一覧の中に使用したい効果が見つからないときは，下に表示されている[その他の開始効果]をクリックし，表示されたダイアログボックスから選択する。

　例：[開始]グループの[はなやか] の[ブーメラン]を指定する。

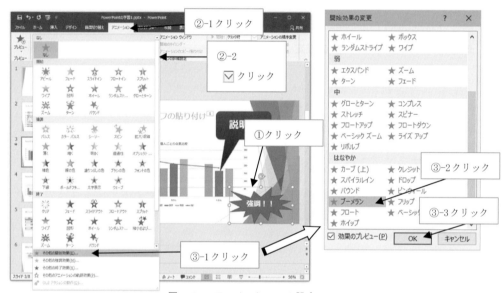

図 4.31　アニメーションの設定-2

4.7.2　強調アニメーションの設定

　同じスライドのタイトル文字に「強調」を設定してみましょう。

◆ 操作 4-31 アニメーションの設定

例：3枚目スライドのタイトルに，[協調]効果の[下線]を指定する。

① アニメーション効果を設定したいオブジェクトをクリックし，選択する。

　例：「タイトル」のプレースホルダをクリックする。

② [アニメーション]タブの[アニメーション]グループの右下の ▽ をクリックする。

③ 表示されたアニメーション効果の一覧の中から選択する。

　例：[強調]効果の[下線]を指定する。

4.7.3　アニメーション効果の順序変更

　アニメーションは，設定した順番に動きます。この設定に変更を加えて，タイトルを最初に動かすようにしましょう。

◆ 操作 4-32 アニメーション設定の順序の変更（図4.32参照）

例：3番目の「タイトル」オブジェクトを最初に動くように変更する。

① ［アニメーション]タブの ［アニメーションの詳細設定]グループの[アニメーションウィンドウ]ボタンをクリックすると，画面の右に[アニメーションウィンドウ]が表示さる。

注：アニメーション設定したオブジェクトの左上にはアニメーション効果の動作する順序番号が表示されており，この順番で一覧表示される。

② 設定を変更したいオブジェクトをクリックして選択する（タイトルオブジェクトを選択）。

注：[アニメーションウィンドウ]の一覧の中から該当オブジェクトをクリックしてもよい。

③ [アニメーションウィンドウ]の右上の ▲ ボタンか ▼ ボタンをクリックして，順番を上下する。

例：3番目を1番目にするには ▲ を2回クリック。

④ 動作を確認する。現在のページからのスライドショーを行う方が，マウスクリックと実際の画面表示を正確に確認できる。

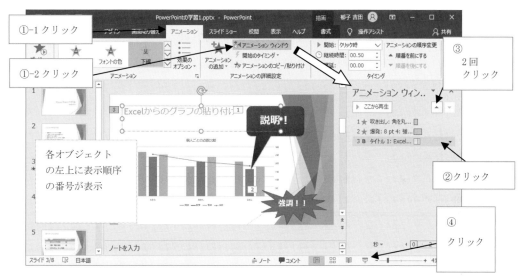

図 4.32　アニメーションの設定変更

4.7.4　画面切り替えの効果設定

画面の切り替えにアニメーションを設定する方法を解説します。

◆ 操作 4-33 画面切り替えのアニメーション設定（図4.33参照）

① [画面切り替え]タブの[画面の切り替え]グループの各ボタンをクリック。

①' この中に選択したい動作がない時には，[その他] ✓ のボタンをクリックする。

画面切り替え時の動きがメニューとして表示されるので，この中から動作を選び，クリックして選択する。（例：[プッシュ]を選択する。）

注：選択内容の動きは，選択した時点でプレビューが実行されるので確認する。

② 設定したアニメーションをすべてのスライドに適用するためには，[タイミング]グループの[すべてに適用] すべてに適用 をクリックする。

図 4.33　面切り替えのアニメーション設定-2

┌─ **● 演習 4-2　スライドの作成** ────────────────────────┐

・これまでの操作を実際に行い，自己紹介の一連のスライドを作成せよ。

　① タイトルスライド　　　：操作 4-3

　② 箇条書きスライド　　　：操作 4-4

　③ グラフスライド　　　　：操作 4-12

　④ 表スライド　　　　　　：操作 4-15

　⑤ 図，ワードアート，テキストボックス等　：操作 4-17~20

　⑥ スマートアート　　　：②をコピーし，スマートアートへ変換（操作 4-22）

・スライドを加工

　① スライド番号をつける　　　　　　　　：操作 4-23

　② スライド番号のフォントサイズ変更　：操作 4-24

　③ 3枚目のスライドと 4枚目のスライドを入れ替える

・アニメーション設定

　① 図などにアニメーションを設定　　　：操作 4-28, 29

　② 画面の切り替えのアニメーション設定　：操作 4-33

└──────────────────────────────────────┘

4.8　印　　刷

　作成したスライドを印刷します。発表の手元資料，発表時の配布資料と用途によって必要な資料は異なります。プレビューで確認しながら，配布資料の種類を選択する方法を紹介しましょう。

┌─ **◆ 操作 4-34　スライドの印刷（図 4.34 参照）** ──────────────┐

① ［ファイル］タブをクリックし，表示された**ビュー**から［印刷］をクリックする。

　印刷に関する指示項目が表示され，右側のスペースに**印刷プレビュー**が表示される。

② 印刷に関する指示を行う。

◆ **プリンタ**：複数のプリンタを使用するように設定されている場合，［**プリンタ名**］の右にある下向き三角ボタン▼をクリックし，表示される選択肢から使用するプリンタを選ぶ。

　詳細の設定を変更する場合には，［**プリンタのプロパティ**］をクリックし，設定する。

◆ **設定**：

　・印刷スライドの範囲を指定

　　［**すべてのページを印刷**］以外の場合には，下向き三角ボタン▼をクリックし，選択する。

　　または，印刷したいページを個別に指定する。

　　注：連続していない複数ページを指定する場合は 1,5,8 のようにカンマで区切って指定する。

連続した複数ページを指定する場合は 2-8 のようにハイフンで区切って指定する。

・印刷レイアウトを指定

[フルページのスライド]以外のレイアウトの場合には，下向き三角ボタン▼をクリックして選択する。

[印刷レイアウト]としてとして，他にノート，アウトラインの指定ができる。

[配布資料]として，1 ページに 2,3,4,6,9 枚のスライド印刷の指定ができる。

③ 指定が済んだら，部数を指定し，[印刷]ボタンをクリックする。

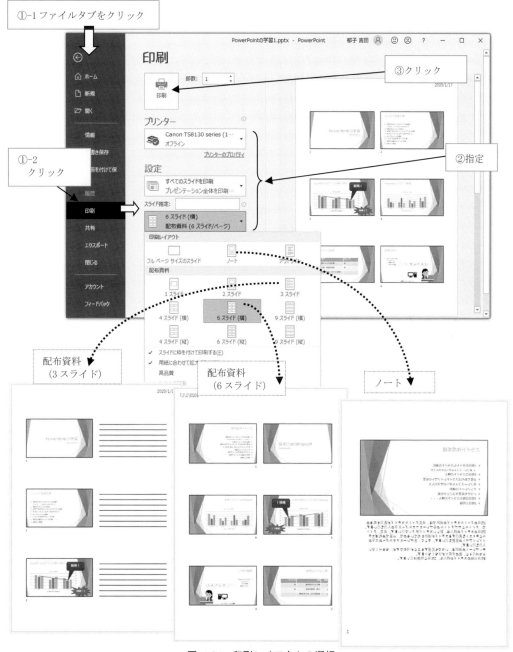

図 4.34　印刷レイアウトの選択

┌─── ● **演習 4-3　総合演習 3** ═══════════════════════┐

演習 3-19「総合演習 1」で行ったさまざまな分析結果を発表するためのスライドを，PowerPoint
を使用して作成せよ。

・発表のテーマを各自設定し，インパクトのあるタイトルとする。

・必要と思われるグラフを張り付けること。

・強調ポイントは，アニメーション効果を設定すること。

└──────────────────────────────────────┘

┌─── ● **演習 4-4　総合演習 4** ═══════════════════════┐

以下の内容で，PowerPoint を使用した発表用プレゼンテーション資料を作成せよ。

● プレゼンテーションテーマと内容

　「インターネットの光と影」関する話題をプレゼンテーション発表テーマとする。

　一般論ではなく，具体的にテーマを絞り，便利な点や危険な点を踏まえ，どう利用していく
　べきかをまとめる。

テーマ例の例；

- ・　ネットショッピング
- ・　ネットオークション
- ・　情報検索
- ・　情報発信（ホームページの公開，ブログの公開）
- ・　ソーシャルネットワーキングサービス
- ・　掲示板
- ・　音楽配信
- ・　電子取引…

　※引用等を行った場合には，出典を明らかにすること。

● スライド作成の要件

　① 　スライドの構成：　スライド枚数はタイトルスライドを含め，6 枚以上とする。

- ・　1 枚目はタイトルスライドとする。タイトルと，学籍番号・氏名を書く
　　タイトルは，発表内容がわかり，興味を引く表現とする。
- ・　2 枚目以降の構成は自由。

　② 　スライドの中に含む要素：　スライドには以下の要素を組み込むこと。

- ・　箇条書き
- ・　スマートアートを使用した図表現
- ・　表
- ・　グラフ（PowerPoint のグラフ機能でグラフ作成。グラフの画像貼り付けは不可）
- ・　強調のための吹き出し等…　図
- ・　挿絵…　クリップアートや写真等の画像データ

　③ 　アニメーション効果

- ・　表紙にはアニメーション効果を設定しない
- ・　強調したいところにポイントを絞ってアニメーション効果を設定する。
- ・　箇条書きなどの文字には，なるべくアニメーション効果を設定しない。
- ・　スライドタイトルには開始効果を設定しない。設定する場合には，最初から表
　　示させるために強調効果を使用する。

└──────────────────────────────────────┘

5

情報収集力をつける
−インターネット編−

　さまざまな情報を得るためにインターネットは有効な情報源となります。インターネットとは，世界規模で張り巡らされたネットワークのことです。このネットワークを介し，全世界の情報を居ながらにして入手することができます。ただし，得られる情報は玉石混淆です。たくさんの情報の中から必要な情報，信頼性の高い情報をタイムリーに得る情報収集力が求められます。また，インターネット上での顔の見えない相手とのやり取りは，便利ではありますが倫理上の問題を起こす原因となり，多くの事件も発生しています。

　本章では，インターネット上で情報を確実に入手する方法，情報のやり取りの方法について学びます。またインターネットに潜む危険をふまえた注意事項や情報倫理，マナーについても解説します。

5.1　WWW を利用した情報収集

5.1.1　WWW とは

　インターネット上での情報提供サービスのことを，WWW（World Wide Web）または Web と呼びます。Web とは「くもの巣」のことです。世界的な規模で，くもの巣のようにリンクを張り巡らせ，情報を入手することができるということになります。Web を利用すれば，世界中の文字，画像，音声などの情報を誰もが入手し，発信することができます。

5.1.2　ブラウザの利用

　WWW 上の情報を利用するためのアプリケーションが Web ブラウザです。Internet Explorer，Microsoft Edge や Google Chrome 等たくさんの種類のブラウザが開発されており，用途に応じて使用するブラウザを選択することができます。

5.1.3　ページ参照の基本

　自分の見たいページを表示するには，アドレスを指定して呼び出します。ホームページのアドレスを URL（Uniform Resource Locator）といいます。URL がわかっている場合には直接入力してそのページを表示させることができます。

　URL とはインターネット上の住所にあたるもので，以下のような構成になっています。

◇ **解説 5-1　URL の構成**

https://サーバ名/ファイル名

ex.　首相官邸の URL　　https://www.kantei.go.jp

- https:// …HTTPS（Hypertext Transfer Protocol Secure）という手順を使用してデータのやり取りをすることを意味する。「s」がついているのは通信内容が暗号化されていることを示す。表示が省略されることがあるが，鍵のマーク 🔒 が表示されるので，確認することができる。

　注：これに対し「http://」 は暗号化されていないサイトで，鍵のマークが表示されない。

- サーバ名　…ホームページの存在する場所を示す。詳細には，**ホスト名.ドメイン名** となる。
 （ドメイン名は，組織名+組織種別+国や地域コードなどから構成）
 → www.kantei.go.jp では，www がホスト名，kantei.go.jp がドメイン名。

- ファイル名　…該当するサーバ上での場所とファイル名を指定する。
 → この例のように省略された場合，決められた名前の先頭ページを表示する。

5.1.4　検索サイトを利用した情報収集

　検索サイトを利用して，知りたい情報に関連するキーワードで検索することができます。検索サイトによって，ヒットするページや表示される順序に違いが出ます。複数のサイトを試してみるとよいでしょう。

(1) 単一キーワードによる検索

　「Yahoo! JAPAN」（https://www.yahoo.co.jp/）や「Google」（https://www.google.com/）などの検索サイトを利用してキーワードによる検索を試してみましょう。検索キーワードに「とは」をつけて検索すると，基本的な説明がなされたページを探すことができます。

(2) AND 検索

　複数のキーワードを指定することで，ヒットするページを絞り込むことができます。たとえば，「情報倫理」，「著作権」，「法律」をキーワードとしたページを探すには，検索キーワードを入力するテキストボックスに各キーワードをスペースで区切って入力し，同様に検索します。

(3) 細かい検索条件の指定

　検索オプションを利用すれば，検索条件を細かく指定することができます。各検索サイトのキーワード入力ボックスのそばに詳細の条件を指定するボタン等が表示されている場合，選択して検索オプションのページに移動し，「すべてのキーワードを含む」AND 検索，「いずれかのキーワードを含む」OR 検索，最終更新日付などを指定して表示するページを絞り込みます。

5.1.5　WWW 利用上の注意

　以前は自分で出向いて調べなくてはならなかった情報を，今では部屋にいて瞬時に得ることができるようになりました。しかし，インターネット上には，正しい情報ばかりが提供されているわけではありません。個人的な思い込みや，悪意によって加工された情報などが入り混じって提供されています。情報を使用するときには信頼できるサイトのものを使用するように心がけ，引用するときには出典を明らかにしてください。もちろん著作権法等の法令も遵守しなければなりません。

　また手軽に情報発信ができるようになり，自分や他人のプライバシーに関する情報を無防備に，安易に公開してしまうことも避けてください。いったんインターネット上に出回った情報は回収す

ることは困難です。

　インターネット上で提供されるさまざまなサービスを受けるために必要となるユーザ ID，パスワードは，個人の財産や情報を守る大切な鍵です。大切に管理し，定期的に変更してください。

● 演習 5-1　インターネットで言葉の意味を調べる

以下の項目の意味を，検索サイトを利用して調べよ。

- ・　フィッシング
- ・　デジタルタトゥー
- ・　スパイウェア
- ・　ユビキタスネットワーク
- ・　スパムメール
- ・　不正アクセス禁止法
- ・　クラッカー
- ・　テクノストレス
- ・　電子認証
- ・　デマウィルス
- ・　肖像権
- ・　ユニバーサルデザイン
- ・　ネチケット
- ・　著作権法
- ・　ワーム

複数のサイトの情報を利用し，自分の言葉でまとめるのが望ましい。記述された内容を引用する場合には，その情報源と引用部分を明記すること。

検索サイトを明らかにし，検索サイトによる検索結果の数や内容のちがいについて，気がついたことをまとめよ。

5.2　電子メールを使用した情報伝達

5.2.1　電子メールとは

　電子メールとはインターネット上でやり取りする手紙のことで，e-mail ともいいます。今ではコミュニケーションの手段として一般的なものとなってきました。電子メールは Word や Excel，グラフィックデータ，プログラムなどを添付ファイルとして送ることができるため，離れた場所で仕事をするための必須アイテムとなっています。

5.2.2　メールアドレス

　メールは特定の相手に対する情報発信です。手紙でいう宛先の住所氏名に相当するのがメールアドレスです。電子メールを使用するにはまず自分のメールアドレスを取得する必要があります。大学や企業では，利用するネットワークの管理者に割り当ててもらいます。個人でメールアドレスを取得するには，プロバイダに割り当ててもらいます。フリーメールサービスを利用する場合には，アカウントの取得手続きを行います。

　メールアドレスは，個人を識別する名前の後ろにドメイン名と呼ばれる識別名を付加したものです。ドメイン名についてはホームページの URL と同様で，解説 5-1 で説明済みです。

```
◇ 解説 5-2 メールアドレスの構成

  名前@ドメイン名

    ex.    yoshida@xxxxxx.ac.jp
```

5.2.3　電子メールの形態

　電子メールにはメールソフトを使用する PC メールと，ブラウザ上でやり取りする Web メールとがあります。

　前者はあらかじめ PC 上にメールソフトをインストールし，メールサーバへの接続を行うための設定を行い，そのソフトを起動しておく必要があります。環境の準備は大変ですが，送信済メールや受信したメールを自分の PC 内で管理することができる利点があります。

　後者は PC 上にメールソフトをインストールや設定をする必要がなく，ブラウザの起動ができる環境があればどこでもメールをチェックできるという手軽さがあります。メールを送信する場合には，ネットワークに接続したままブラウザ上で文面を入力し，送信の指示をしますし，受信する場合にもブラウザ上で受信の指示をします。ただし，送受信したメールや送信したメールの控えやアドレス帳は，すべてサーバ側で管理されることになります。したがって，サーバ側の障害で履歴を失う可能性がありますので，そのための配慮が必要になります。

5.2.4　電子メールの基本操作

　ここでは Office365 の Outlook Web App を使用し，Web メールの操作方法を解説します。

(1)　ログイン

　Web メールを利用するには，ブラウザを起動し，Web メールサーバの URL を指定して該当ページを表示し，登録されている自分の ID とパスワードを入力し，認証されなくてはなりません。

　画面の構成やボタンの位置が違っても，操作の流れはほとんど同じです。

◆ 操作 5-1 Office365 メール の起動と終了

① ブラウザを起動して URL を入力し，Office365 のサインインページを表示させる。

② ユーザ ID，を入力し[**次へ**]**ボタン**をクリック，パスワードを入力し[**サインイン**]**ボタン**を
　　クリックする（図 5.1 参照）。オリジナルなログイン画面が用意されていることもある。

③ Office365 のホーム画面が表示されるので[**Outlook**]をクリックするとメールの送受信がで
　　きる画面が表示される（図 5.2 参照）。

　注：終了するには，ナビゲーションバー右端に表示されるアカウンボタンをクリックし，表
　　　示されたメニューから[**サインアウト**]をクリックする（図 5.3 参照）。

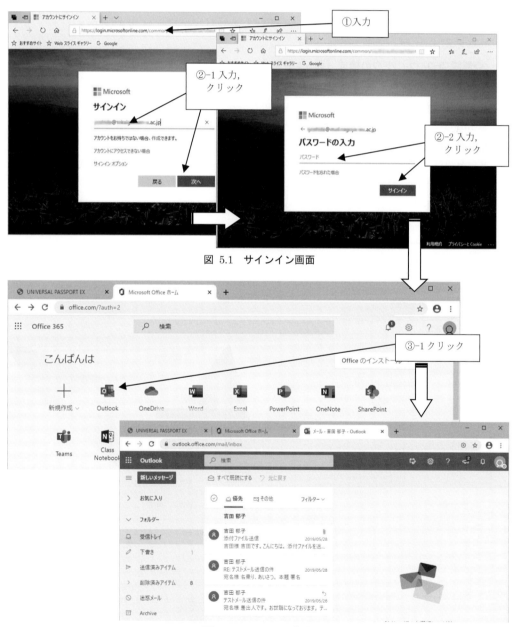

図 5.1　サインイン画面

図 5.2　Outlook の起動

図 5.3　サインアウト

Outlook ウィンドウの構成を説明します。

◇解説 5-3　ウィンドウの構成（図5.4 参照）

① **メール作成ボタン** …[新しいメッセージ]と書かれたボタン。メール作成に使用。

② **フォルダー一覧** …情報を格納するフォルダが表示されている。該当フォルダをクリックすると中に入っている項目一覧が③[メッセージ一覧]の領域に表示される。

　注：上部の[お気に入り]の領域には，使用頻度の高いフォルダを登録できる。

③ **メッセージ一覧** …②で選択したフォルダに含まれるメールの一覧（送信者，タイトル，本文の一部が表示）が表示される。

④ **閲覧ウィンドウ** …③で選択したメールの内容が表示される。

⑤ **設定ボタン** …ここからメールのオプション設定を行う。

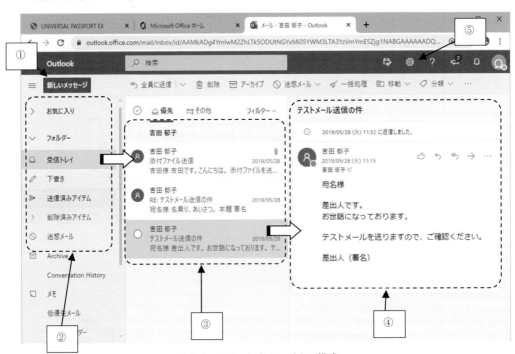

図 5.4　Outlook ウィンドウの構成

(2) メール作成と送信

自分宛てのテストメールを作成し，送信してみましょう。

◆ 操作 5-2 メッセージの作成（図 5.5 参照）

① ［新しいメッセージ］をクリックすると，［閲覧ウィンドウ］に新規メールが表示される。

② ［宛先］欄にカーソルを移動させ，メールを送る相手のメールアドレスを入力する。（ここでは，自分のメールアドレスを入力する。）

　注：［宛先］の下に CC 欄については解説 5-4 参照。

③ ［件名］欄にカーソルを位置づけ，メールのタイトルを入力する。

　注：メールの内容を相手に知らせる重要な情報であるため，件名は省略しない。簡潔に内容を要約した適切なものとすること。

④ 件名の下のスペースの本文の欄をクリックしてカーソルを表示させ，本文を入力する。

⑤ ［送信］ボタンをクリックする。

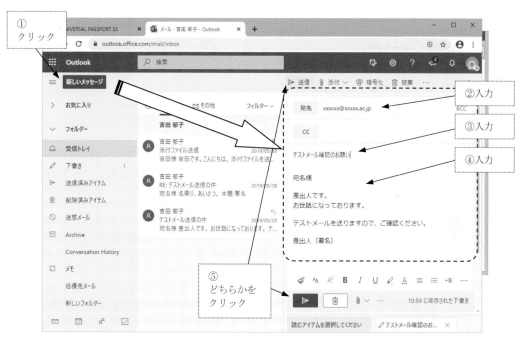

図 5.5　メッセージの作成

◇解説 5-4 CC と BCC の使い分け

・ CC（Carbon Copy）　：本来の受信者以外に，メールの控えを他の人にも送るときの宛先を書く。メールを受け取った人は，CC でほかの人にも送られていることも，CC で送った相手のアドレスも知ることもできる。

・ Bcc（Blind Carbon Copy）　：CC と同様だが，Bcc の場合には本来の受信者には Bcc で他者に控えが送られたことも，そのアドレスも明らかにされない。
複数の相手に控えを送りたいとき，CC を使用すると，送信相手すべてに他の人のメールアドレスが明らかになってしまうので，これを避けたいときにも BCC を使用する。

　注：BCC のアドレス入力欄は非表示となっているが，［宛先］欄の右にある［BCC］ボタンをクリックすると表示される。

---

(3) 受信メールの参照

　自分宛に送信したメールを受信し，内容を確認してみましょう。

┌─── ◆ 操作 5-3 メールの受信と参照（図5.6参照）──────────────────
① ［フォルダー覧］の［受信トレイ］をクリックする。
② ［受信トレイ］の中のメールが［メッセージ一覧］に表示される。参照したいメールをクリック
　　すると，［閲覧ウィンドウ］に内容が表示される。
　注：見たいメールをダブルクリックすると，メールの内容が別ウィンドウで参照できる。
└──

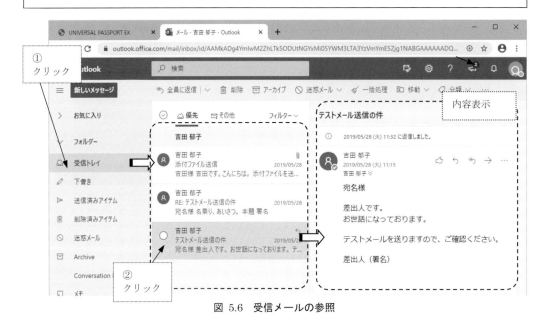

図 5.6　受信メールの参照

(4) メールの返信

　受信したメールを使用して返信することができます。受け取ったメールの文章を残せば，やり取りの記録とすることもできます。

┌─── ◆ 操作 5-4 メールを返信する ──────────────────────
① 受信メールの上部に表示される操作ボタンの中から［返信］ボタンまたは［全員に返信］ボタ
　　ンをクリックする（図5.7参照）。

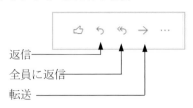

　　　返信
　　　全員に返信
　　　転送

② 受信したメールの内容が反映されたメッセージ作成画面となる（図5.8参照）。
　・［宛先］受信したメールの送り主の宛先の名前が入力される。
　・［件名］受信したメールのタイトルに‘RE:’が付加された件名が入力される。
　・本文には受け取ったメールの情報と内容が表示される。
③ 受け取ったメールの上部に返事を書く。
④ ［送信］ボタンをクリックする。
└──

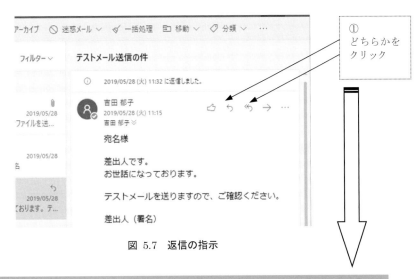

図 5.7　返信の指示

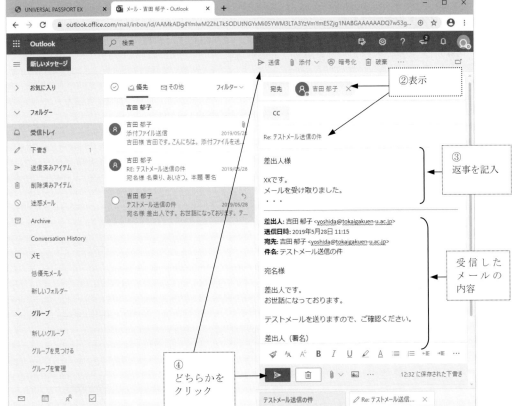

図 5.8　返信メール画面

(5) メールを転送する

　受信したメールを他の人に転送することもできます。

◆ 操作 5-5　メールを転送する

① 受信メールの上部に表示される操作ボタンの中から[**転送**]**ボタン**をクリックする。

② 受信したメールの内容が反映されたウィンドウとなる。

・[**宛先**]転送したいメールアドレスを入力する。

・[**件名**] 受信したメールのタイトルに 'FW:' が付加された件名が入力される。
・本文には，受け取ったメールの情報と内容が表示される。
③ 転送する場合には，オリジナルのメッセージには，原則として手を加えない。転送内容と区別して追記するとよい。
④ [**送信**]ボタンをクリックする。

(6) 送信済メールを確認する

送信したメールを確認することができます。

◆ 操作 5-6 送信メールの参照

① [**フォルダ一覧**]の[**送信済みアイテム**]をクリックする。
② [**メッセージ一覧**]に送信したメールが一覧で表示されるので，受信メールと同様に，見たいメールをクリックし，参照する。

(7) メールにファイルを添付する

メールに添付してファイルを送ることができます。この機能は，文書や表計算情報，画像情報などのファイルのやり取りを行うことができ，非常に便利です。

◆ 操作 5-7 ファイルの添付

① 操作 5-2 の要領でメッセージを作成する。送信メール作成画面の上部の[**添付**]ボタンをクリックして表示されるメニューから[**このコンピュータから選択**]をクリックする。（図 5.9 参照）。
② [**開く**]画面が表示されるので，エクスプローラからファイルを開く要領で添付するファイルを選択し，[**開く**]ボタンをクリックする（図 5.9 参照）。
　注：①②の操作の代りに，エクスプローラで添付したいファイルを表示させ，メール作成画面上にドラッグする方法でも添付ができる。
③ 送信メール作成画面の [**件名**]のすぐ下に，ファイル名が表示される（図 5.10 参照）。
④ [**送信**]ボタンをクリックする。

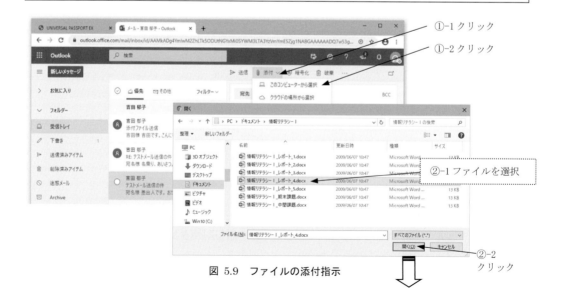

図 5.9　ファイルの添付指示

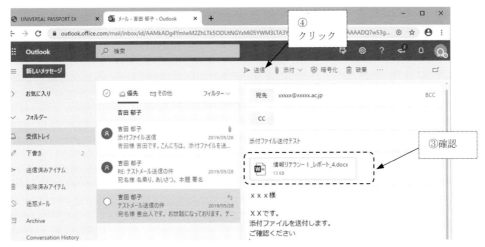

図 5.10　ファイル添付の確認

(8) 添付ファイルの利用

　受け取った添付ファイルを表示・保存する方法を解説します。

◆ 操作 5-8　添付ファイルの表示と保存 （図 5.11 参照）

① 受信メール一覧から該当メールをクリックし，受信メールのウィンドウを表示する。

　注：添付ファイルのあるメールにはクリップのマークが表示されている。

② 表示された添付ファイル表示の右下の ∨ をクリックすると，メニューが表示される。

　[プレビュー]を選択すると表示され，[ダウンロード]を選択すると保存できる。

③ ダウンロードを選択すると，ウィンドウの下部に保存の支持を行う表示がされる。

　保存の右の ∧ をクリックして[名前を付けて保存]を選択して保存場所を指定する。

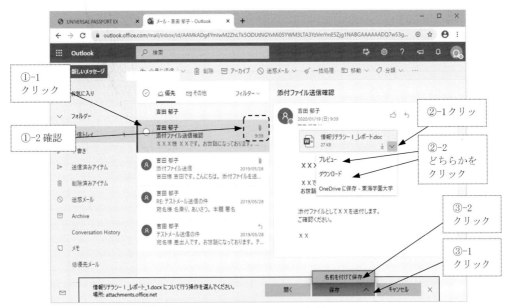

図 5.11　添付ファイルを開く

　添付ファイルを保存すれば，通常のファイルとして編集することができます。

5.2.5　メールの設定変更

メールの設定を変更し，使いやすくすることができます。設定情報のいくつかを紹介します。

(1)　署名の作成

メールの末尾に自分の名前や連絡先等の情報（署名）を記述します。この情報を登録しておくと便利です。

◆ 操作 5-9　署名の作成（図5.12参照）

① ナビゲーションバーの右端の[設定]ボタン ⚙ をクリックし，表示された作業ウィンドウの一番下の[Outlook のすべての設定を表示]をクリックする。

② [設定]画面が表示される。左列の[メール]が選ばれていることを確認し，中央の列の[作成と返信]をクリックすると，メールに関するさまざまな設定項目が表示される。

③ [電子メールの署名]のボックスの中に署名を入力する。

注：[新規作成するメッセージに自動的に署名を追加する]をクリックし，チェックをつける。

④ [保存]ボタンをクリックする。

⑤ メール受信画面に戻るには，[閉じる]ボタンをクリックする。

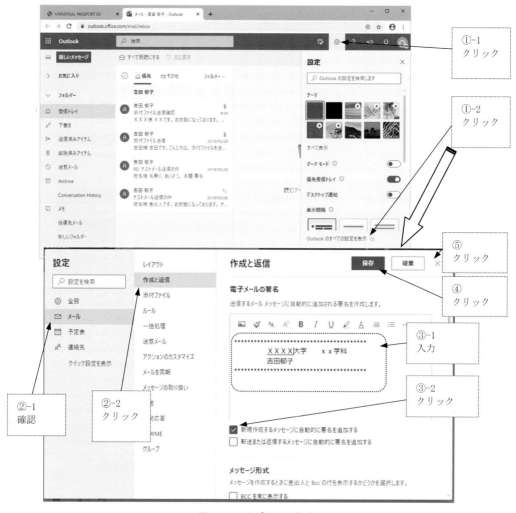

図 5.12　オプション指定

5.2.6 連絡先の登録と使用

(1) 連絡先の新規登録

連絡先を最初から入力し，登録する方法を説明します。

┌─ ◆ 操作 5-10 メールアドレスの登録（図 5.13 参照）─────┐

① 左下の[連絡先] 　をクリックし，連絡先表示に切り替える。

② [新しい連絡先]ボタンをクリックし，表示された[新しい連絡先]画面に絡先が表示さる。

③ 登録したい連絡先の 姓名，メールアドレス等を入力し，[作成]ボタンをクリックする。

④ メール画面に戻るには，[メール] 　 ボタンをクリックする。
└────────────────────────────────┘

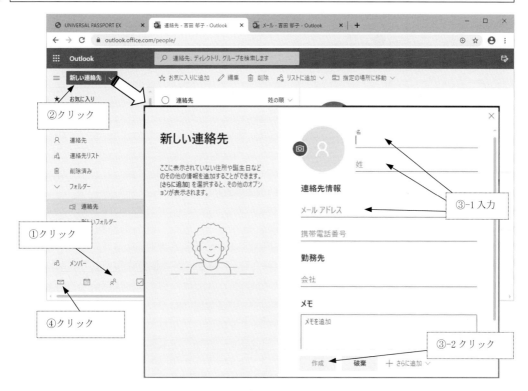

図 5.13 連絡先の新規作成

(2) 連絡先の利用

登録した連絡先を使用してみましょう。

┌─ ◆ 操作 5-11 登録したメールアドレスの使用（図 5.14 参照）─────┐

① 操作 5-2 の要領でメッセージ作成を指示する。

② メール作成画面が表示される。[宛先]ボタンをクリックする。

③ [受信者を追加]画面が表示される。表示された一覧から送りたい連絡先の右の＋をクリック
し，左上の[宛先]に表示されたのを確認する。複数の選択も同様の操作を繰り返す。

④ 選択が済んだら[受信者を追加]画面の[閉じる]ボタンをクリックする。

　注：CC，BCC の指定をする場合にも，同様に行う
└────────────────────────────────┘

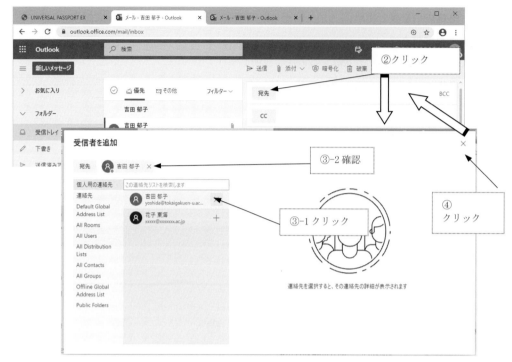

図 5.14　宛先の選択

5.2.7　電子メールの注意事項

　電子メールは，便利なコミュニケーション手段ですが，迷惑なメールもあります。スパムメールとは，広告などの営利目的のメールを受け手の都合を全く考慮せず，同意を得ることなしに無差別に送りつけるダイレクトメールの一種です。ウィルスメールとは，ウィルスに感染したファイルが添付されたメールです。悪質なコンピュータウィルスが多数出回っています。感染するとパソコン内の貴重なデータを破壊したり，パソコン内のデータを破壊したりします。アドレス帳に登録されたアドレスに自動的にウィルスメールを送付して感染を広げることもあります。むやみに添付ファイルを開かないように注意することも重要ですが，参照しただけで感染するものもありますので，ウィルス対策ソフトをインストールして防備しておく必要があります。

5.2.8　電子メールのマナー

(1)　わかりやすいタイトルをつける

　受信したメールは，件名部分が一覧として表示されます。大量のメールを受け取る場合にはタイトルを見て重要度を判断することになりますし，後で該当するメールを探したいときにも役に立ちます。スマートフォンなどでは，メールの件名を省略することが多いようですが，ビジネスに利用するPCメールでは，省略すれば読んでもらえなくなります。メールの内容が一目でわかるタイトルを付けることが大切です。

(2)　半角カタカナと機種依存文字は使用しない

　半角のカタカナや，①，②のような機種依存文字は，受信側の環境により文字化けが起こる場合がありますので使用してはいけません。

(3)　1行に記述する文字をそろえる

　メールソフトによって1行に表示する文字数が異なりますが，見やすいメールとするために，全

角で 30〜35 文字程度で改行するように心がけましょう。ただし，携帯メールとのやり取りの場合などのように意識的に改行しない方が良い場合もあります。状況に応じて判断してください。

(4) 簡潔でわかりやすい文章を書く

どんな文書にも共通することではありますが，内容のないだらだらとしたメールは受け取る側の時間の無駄となるばかりか，ネットワークの負荷を上げるデメリットもあります。分かりやすく，しかもなるべく短い文章でまとめましょう。また段落ごとに空行を入れると見やすいメールとなります。

(5) 感情的な内容は書かない

メールは，手軽に送信することができるため，手紙のように時間をかけて熟考せずに送ってしまうことがあります。一度送ってしまったメールは取り返すことができず，文書として後に残ります。一時の感情にまかせたメールは慎みましょう。

(6) 情報は圧縮して添付する

添付ファイルとしてさまざまな情報を送ることができますが，パソコン上で使用しているときには気にならないデータ量でも，ネットワーク環境によっては，送受信に非常に時間がかかることがあります。無意味な画像などの情報を送ることを避けることはもちろんですが，どうしても必要なデータは，必ず圧縮して極力データ量を減らして送るように心がけましょう。また，大きなサイズのデータを送るときには，事前に相手に連絡しておくとよいでしょう。

(7) チェーンメールに参加しない

不幸の手紙，幸福の手紙など，受け取ったメールを第三者へ転送することを強要するような形のメールは無視することです。受け取った人に迷惑をかけるばかりでなく，不要メールでネットワークの負荷をいたずらに上げるということになります。絶対に参加しないでください。

(8) ウィルス対策を行う

他に迷惑をかけないためにも，ウィルス対策ソフトをインストールして防備しておきましょう。

● 演習 5-2 メール送受信操作

使用できる環境のメールを使用し，自分宛てにメールを送信せよ。

このメールを受信し，返信を行え。

返信されたメールを受信し，自分宛てに転送せよ。

● 演習 5-3 添付ファイルの送信操作

担当する教員に対し，演習 2-15 で作成した Word 文書を課題として添付し，提出するメールを以下の内容で送信せよ。

・宛先：講師宛とし，CC を自分宛にする。

・件名：内容がわかる件名とする。

・本文

　　宛名（講師）

　　自分の名前を名乗り挨拶

　　本題（内容を総括した文。課題を送ることを書く。）

　　署名

・添付ファイル

5.3　情報セキュリティに関する配慮

　WWW の利用，メールのやりとりの仕方を具体的に見てきましたが，インターネットを利用することで，まだまだたくさんのことができます。たとえばホームページやブログでの情報発信，インターネットショッピングやネットオークション，チャットや SNS（ソーシャルットワークサービス）の利用など，挙げればきりがありません。

このように便利な機能を享受できる反面，ネットワークに接続している 1 つのコンピュータとして，外部からのさまざまな脅威にさらされています。無防備であることは，自分だけではなく，ネットワーク上の他のコンピュータにも被害を及ぼすことがあります。そのことをしっかりと認識し，その危険性と打つべき対策を理解して上手に活用する必要があります。

5.3.1　さまざまな問題

　近年，インターネットを利用する上で多くの問題が発生しています。今やインターネット上では，さまざまな営みがなされているため，利用するサービスの内容に応じて発生する問題も多岐にわたります。

　ホームページやブログの開設が容易にできるために，自分や友人の個人情報を無防備にさらしてしまい，悪用されるケースも数知れません。誹謗中傷，ネットいじめなども社会問題化しています。メールアドレスを知られたために送られてくるものもありますが，無作為に送られてくるスパムメールやウィルスメールも後を絶ちません。

　出会い系サイトや裏サイトなど，訪問することで危険を招く Web サイトもあります。犯罪に巻き込まれる多くのケースは，興味本位で危険なページに足を踏み入れることがきっかけなのです。

　コンピュータウィルス感染によるシステムの破壊や異常動作。感染すると，自分のパソコンのアドレス帳から知人に感染が広がる場合もあります。また，トロイの木馬のような潜伏型のウィルスによって，気がつかないところで自分のパソコンが遠隔操作され，犯罪の温床にされていることもあります。ファイル共用ソフトを使用したパソコンがウィルス感染し，気がつかないうちに PC 上のすべての情報が流出していた事件も数多く報道されています。

　電子メールや掲示板で特定の Web サイトに導く悪質な詐欺もあります。電子メールを使い，出会い系サイトや儲かる仕事などを紹介した Web サイトを訪問させ，利用料金や登録料といった形で料金を請求するワンクリック詐欺。クレジットカード会社などを装い，暗証番号の変更を促す電子メールを送り，そのクレジット会社を装った Web サイトを訪問させ，カード番号，暗証番号を盗み取るフィッシング詐欺など，危険なものもあります。

　このように，多くの問題があることを認識したうえで，きちんとした情報セキュリティ対策を施してインターネットの便利な機能を使いこなしていきましょう。

5.3.2　情報セキュリティ対策

(1)　ウィルス対策

　学校や企業では，当然対策はなされていますが，個人で所有するパソコンでもウィルス感染対策は，ネットワークに接続するコンピュータ使用者の情報セキュリティの対処の必須項目です。心当たりのない相手からの電子メール添付ファイルだけではなく，単にメールやホームページを参照するだけで感染するものもありますし，ネットワークを介して感染するウィルスも出現しています。

　感染を防ぐにはウィルス対策ソフトの導入が必要です。その上で，定期的なウィルス検知用データの更新が必要なことを忘れないでください。この作業を怠ると，日々新しくなるウィルスに対して意味をなさなくなります。契約期間が切れたら，必ず契約を更新し，最新のウィルスに備えてく

ださい。また，外部からの不正アクセスを防御するファイアウォール機能を備えたソフトもあります。これ以外にも，ネットワークプロバイダがウィルス対策サービスを提供している場合もありますので，サービス内容を確認し，適切なものを選択してください。

(2) ソフトウェアの更新

ウィルス対策ソフトの導入だけで安心していてはいけません。使用するパソコンで動作する OS やブラウザなどのソフトウェアにも，プログラムとしての不良（バグと呼ぶ）や情報セキュリティの問題が含まれています。こういった問題をそのままにしておくと，その弱点をついて外部からの侵入にあったり，動作不良を起こすことになってしまいます。

ソフトウェアを提供するメーカーは，日々これらの不具合に対し対策を行い，対策を行ったソフトを提供しています。定期的にアップデートして，これらの対策を反映する必要があります。

(3) 個人情報に関する意識

個人の名前，住所，電話番号，メールアドレス，生年月日，顔写真などは重要な個人情報です。安易にホームページなどに載せ，公開するべきではありません。いったん公開したデータは，悪意を持った人間にどんな形で悪用されるかは，はかり知れないことを意識すべきです。

懸賞の応募やアンケートに答える場合，その企業や団体が信用できるものか，また，個人情報をどのように利用するかをきちんと確認し，慎重に対応して下さい。

掲示板，SNS などでも，最小限の個人情報にとどめる努力をしてください。いったん掲示板にメールアドレスを載せたために，膨大な量のスパムメールが送られるようになることがあります。こうなってしまうと，メールアドレスを変更する以外に防ぐ手立てはありません。どうしても公開しなければならない場合には，普段使うメールアドレスと公開用のアドレスを使い分けるなどの配慮をしておくとよいでしょう。

(4) パスワードの管理

学校や企業のネットワークに接続する時もそうですが，個人でネットショッピングやネットオークションを行うためには，登録した ID とパスワードと入力したものを照合して個人認証をします。認証ができれば，登録してあるクレジットカード番号などは，毎回入力する必要はありません。本人であることの確認情報のほとんどがパスワードにかかっていることに注意して下さい。もしも他人にパスワードを知られてしまったら，本人になり済まして取引をすることもできてしまいます。安易に連想できるパスワードをつけないこと，わかるところに記録しないこと，そして定期的に変更するなど，管理は慎重に行ってください。

(5) 相手を吟味する

ネットオークションは，取引の相手に依存します。やり取りをする時に，過去の取引の情報や評価が載せられていることが多いので，こういった情報を確認してください。ネットショッピングでも，事前に必ず取引相手の情報や評価などをネット上で確認します。商品送付のための個人情報の扱いなどについても，きちんとした記載があるかどうかも確認してください。

(6) スパムメールの対処

許可していないのに送られてくる広告や出会い系サイトなどの誘いなどのメールをスパムメールといいます。メールアドレスがわからなくても，機械的な組み合わせで送るものが多く，ネットワークの負荷をあげる問題ともなっています。

「送信をやめるためにメール送るように」といった内容には絶対応答してはいけません。逆に自分のメールアドレスを相手に教えてしまう結果となります。ウィルス対策ソフトを含んだセキュリ

ティソフトや電子メールソフト, 各種プロバイダのサービスでスパムメールのフィルタリング機能を提供しているものもあります。

　スパムメールは, (7)で取り上げる詐欺などの犯罪と密接にかかわっているものが多くあります。もしもスパムメールを受け取っても, 開かない, 相手にしない, リンクされたホームページを訪問しない習慣をつけてください。

(7)　詐欺対策

　フィッシング詐欺やワンクリック詐欺など, 電子メールなどで特定のホームページに誘い込んで情報を引きだしたり, 架空の請求を突きつけるものがあります。不審なメールは開かないことです。そしてどのような理由であれ, カードや口座番号, パスワードなどを入力させるページには警戒が必要です。架空請求や脅しのメールが来たら, あわてて応答せず, 速やかに消費者センターなどに相談してください。

5.3.3　情報モラルと法令順守

　ネットワーク上で情報を扱う場合のマナーやモラルに関する配慮も必要です。インターネット上では顔が見えないために, 発言が過激になったり, 誹謗中傷を平気でしたりといったことが往々にして起こります。インターネット社会を発展させていく担い手としての自覚と良識をもって使用してください。

　また, インターネット上のデジタルデータは, 流用することが容易なため, 著作権等を意識することなく利用しがちです。インターネット利用に際しては, 関連する法令を遵守してください。

● 演習 5-4　検索とデータの入手

世界各国の国内総生産（GDP）に関する情報が提供されているサイトを検索せよ。
- ・どのような検索サイトを利用し, どのようなキーワードで検索したかを明らかにする。
- ・その結果, どんなサイトを利用したか。調べた内容をまとめよ。

世界各国の国内総生産（GDP）に関するサイトのデータを利用して, アジアの GDP を重点的に分析したい。このためには, EXCEL 形式でデータが提供されるサイトを探し, このデータをダウンロードするとよい。
- ・統計データを提供するサイトとして, どのようなサイトを見つけたか, 挙げよ。
- ・Excel 形式のデータを開いて表示する方法, ファイルダウンロードする方法を確認せよ。
- ・データの利用に関して, どのような記述がなされているか, あわせて調べよ。

● 演習 5-5 データのダウンロード

演習 5-3 で出題された，世界の国内総生産（GDP）データは，総務省統計局のホームページから入手することができる（https://www.stat.go.jp/data/sekai/0116.html#c03 参照）。

この中から，世界各国の国民総生産（GDP）を比較するために，国内総生産（名目 GDP，米ドル表示）を選択し，Excel データをダウンロードせよ。

　ヒント：以下の手順でダウンロードする。

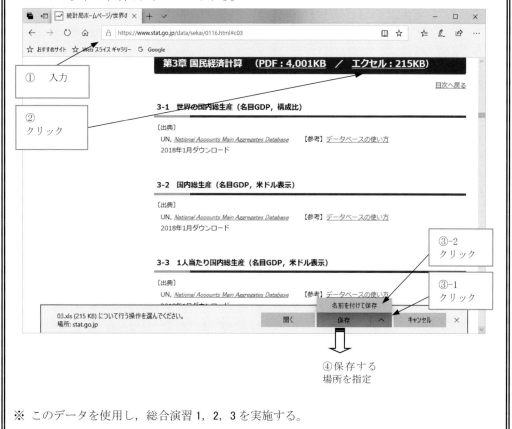

※ このデータを使用し，総合演習 1，2，3 を実施する。

索　引

著者略歴

吉 田 郁 子
よし　だ　いく　こ

1981 年　名古屋工業大学工学部工業化学科
　　　　卒業
2007 年　信州大学大学院工学系研究科情報
　　　　工学専攻博士前期課程修了
現　　在　東海学園大学等
　　　　複数の大学で非常勤講師

主 要 著 書
パソコンの実践学習 Windows/Office 2000
（培風館，共著）
パソコンの実践学習 Windows/Office XP
（培風館，共著）
初歩から学ぶ 情報リテラシー
Windows 7 / Office 2007 版
（培風館）
初歩から学ぶ情報リテラシー
Office 2013 / Windows 7, 8 対応
（培風館）

ⓒ　吉 田 郁 子　2020

2020 年 4 月 1 日　　初 版 発 行
2024 年 3 月 18 日　　初版第 4 刷発行

初歩から学ぶ
情 報 リ テ ラ シ ー
Office 2019 / 2016　Windows 10 対応

著　者　吉 田 郁 子
発行者　山 本　　格

発行所　株式会社　培 風 館
東京都千代田区九段南 4-3-12・郵便番号 102-8260
電 話(03) 3262-5256 (代表)・振 替 00140-7-44725

印刷・製本　三美印刷

PRINTED IN JAPAN

ISBN 978-4-563-01606-7　C3004